LICHTWELTVERLAG
WIEN

JAHN J KASSL

WANDEL DER HERZEN

EDITION
MEISTER
DIALOGE

1. Auflage 2018

Lichtweltverlag JJK OG, Albertgasse 49/13+14, A-1080 Wien
E-mail: office@lichtweltverlag.at
Telefon: +43 2554 88095
Telefax: +43 (1) 253 30 33 1750

www.lichtweltverlag.at

Druck+Gesamtherstellung: Druckerei Janetschek GmbH, Heidenreichstein, Waldviertel, UW-Nr. 637. Gedruckt in Österreich nach der Richtlinie „Druckerzeugnisse" des Österreichischen Umweltzeichens, auf dem FSC-zertifizierten Papier Münken Print Cream, chlorfrei gebleicht, aus nachhaltig bewirtschafteten Wäldern und kontrollierten Quellen.

ISBN 978-3-9503586-8-1

WANDEL DER HERZEN

GESPRÄCHE **JAHN J KASSL** MIT

ERZENGEL URIEL
MEISTER EL MORYA
MEISTER ST. GERMAIN
BUDDHA
BABAJI
SAI BABA
ERZENGEL MICHAEL
SANANDA
ERZENGEL CHAMUEL
MEISTER KONFUZIUS
RAH
GOTT
JESUS CHRISTUS

MÄRZ 2018 - OKTOBER 2018

Wenn das Herz eines Menschen aufgespalten und Liebe eingeflößt wird, vollzieht sich das große Wunder der Verwandlung.

JAHN J KASSL

INHALT

VORWORT DES AUTORS

WANDEL DER HERZEN

Wir leben in spannenden Zeiten: Einerseits ist die ganze menschliche Gesellschaft im Wandel und andererseits lassen die entscheidenden Umbrüche immer noch auf sich warten. Ungeduld macht sich unter den Menschen breit, denn die derzeitigen Zustände auf der Welt sind für viele kaum noch auszuhalten.

Gleichzeitig nimmt auch der Transformationsdruck zu, das heißt, wer einen großen Rucksack voller unerlöster Themen mit sich trägt, kommt nicht mehr weit.

Was auf weltpolitischer Ebene geschieht, ereignet sich auch im Inneren des einzelnen Menschen: Alles, was nicht wahrhaftig ist, wird in das Licht gestellt.

Dieser fünfte Band der Meisterdialoge handelt eben davon. In 24 Gesprächen mit den Erzengeln und den Aufgestiegenen Meistern wird nicht nur die aktuelle Zeitqualität beleuchtet, sondern vor allem das, worauf es beim „Aufstieg“ ankommt.

Was beschreibt den Aufstieg eigentlich und wo machen sich Irrtümer breit? Ist der Aufstieg ein Ereignis, das die Menschen mit Raumschiffen in höhere Dimensionen des Seins bringt? Werden wir weg gebeamt oder geht es um etwas ganz anderes? Dieses Thema ist der Leitfaden und begleitet den Leser durch das ganze Buch.

Ganz in diesem Sinne räumen die Gespräche mit vielen Glaubenssätzen, Meinungen und den menschlich zwar verständlichen aber für die Entfaltung meist hinderlichen Vorstellungen vom Wandel auf.

Manch esoterisches Konzept wird unter die Lupe genommen und vieles, was die Menschen gemeinhin glauben, wird in diesem Buch korrigiert oder richtiggestellt.

- Ist das Wissen über Vorleben für den Einzelnen Menschen relevant?
- Wie können wir der energetischen Verseuchung begegnen?
- Ist der Wunsch, helfen zu wollen, berechtigt?
- Sind wir alle aussichtslos in dieser Matrix gefangen?
- Wie wird Erleuchtung erlangt und warum dauert es so lange? Sind spirituelle Übungen dafür notwendig?
- Ist Gewalt immer abzulehnen und gibt es auf 5D, wo viele Menschen hinwollen (Aufstieg), sogar negative Wesen?

Bei allen Anstrengungen – die wir unternehmen und zu denen wir von der lichtvollen, geistigen Welt angespornt werden – offenbart uns MEISTER ST. GERMAIN in diesem Buch, dass der finale Umbau der Welt in 21 Tagen abgeschlossen ist.

Somit ist der Aufstieg eine Angelegenheit von Himmel und Erde – und ein Ereignis, bei dem die Menschen mit den Mächten des Lichts eng zusammenwirken.

Einmal mehr war das Schreiben dieses Buches von vielen einzelnen Fügungen begleitet. Wie so oft, wurde ich durch Träume, Begegnungen oder durch Zitate, die mir zufielen (es gibt sie, die Zu-fälle), zu den einzelnen Themen geführt. Abwechslungsreich werden einzelne Kapitel damit eingeleitet. So ergibt dies ein stimmiges Ganzes und trägt zu noch mehr Lesefreude bei.

„Etwas Großes beginnt!", verkündet uns SANANDA im letzten Kapitel des Buches und richtet damit unsere Aufmerksamkeit zunächst nach außen:

„Erde, Wasser, Feuer, Luft und Äther kommen auf eine für die Menschen bisher unbekannte Weise in Bewegung.

Auf der Erde und bei den einzelnen Menschen stellt sich alles um. Das ist der Punkt, um den es jetzt geht.
(...)

Die alten Paradigmen lösen sich mit den alten lichtarmen Eliten auf. Was danach entsteht, ist: eine Menschheit, die ihre lichtvollen göttlichen Visionen konstruktiv lebt – auf einer Erde, deren Landkarten umgeschrieben sind."

Und dann nach innen:

„Heißt diese Zeit und die Tage, die da kommen, willkommen. Wandelt eure Herzen und heilt auf allen Ebenen!"

In diesem Geiste lege ich Ihnen dieses Buch hier vor. Es ist mir eine große Freude diesen Beitrag leisten zu dürfen.

Schöpfen Sie daraus Inspiration, Kraft und Weisheit für Ihr einzigartiges Wesen und Ihren einmaligen Weg zu Gott.

Von Herzen

JAHN J KASSL

Spirituelle Botschaften verbreiten sich weder durch Werbung noch durch Bekanntmachungen. Das Geist-Seelen-Gefüge eines Menschen reagiert auf spirituelle Botschaften ganz von selbst.

ERZENGEL URIEL

WERBUNG MACHEN FÜR SPIRITUELLE ARBEIT?

GESPRÄCH MIT
ERZENGEL URIEL

WIE SICH SPIRITUELLE BOTSCHAFTEN VERBREITEN
WARUM NOCH KEIN „BESTSELLER“?
DIE BEDEUTUNG VON AUFTRÄGEN
WARUM KAM JESUS AUF DIE ERDE?
WANN KOMMT DER „JÜNGSTE TAG“?

03. MÄRZ 2018

WIE SICH SPIRITUELLE BOTSCHAFTEN VERBREITEN

JJK: Mich beschäftigt die Frage, ob es angemessen ist, für spirituelle Arbeit, so, wie wir sie im Verlag machen, Werbung zu betreiben? Manchmal denke ich mir, wenn wir bekannter wären oder wenn die Bücher unseres Verlages in den Buchhandlungen aufliegen würden, könnten wir mehr Menschen erreichen und natürlich auch mehr Umsätze kreieren – was ja nicht unwesentlich wäre. Ist also Werbung, damit mehr Menschen erreicht werden, aus spiritueller Sicht erlaubt oder notwendig?

ERZENGEL URIEL: Ich umfange dich und alle Menschen, die diesen Worten folgen, mit meiner Liebe.
Deine Frage ist von erheblicher Bedeutung für alle erwachenden Lichtwesen, die ihre Gaben den Menschen zur Verfügung stellen wollen. Die Antwort darauf ist klar und einfach:

Spirituelle Botschaften verbreiten sich weder durch Werbung noch durch Bekanntmachungen. Das Geist-Seelen-Gefüge eines Menschen reagiert auf spirituelle Botschaften ganz von selbst.

Das bedeutet, dass „Erwachende" immer zu den Botschaften und Lichtquellen, die sie bei ihren weiteren Prozessen unterstützen, geführt werden.

Der Geist-Seelen-Ebene bleiben Schriften oder Veranstaltungen, die hilfreich sind, nicht verborgen, da das höhere Bewusstsein diese wahrnimmt und den Menschen mittels „Zufällen“ dorthin bewegt.

JJK: Ich denke gerade an mich selbst. An einem bestimmten Punkt meiner spirituellen Erneuerung war das Verlangen nach spirituellem Wissen so groß, dass ich zu allen Büchern und Begegnungen geführt wurde. Mein Leben war von „Zufällen“ geprägt, das heißt, mir fiel alles zu, was ich für meine Entwicklung benötigte – und das ganz entspannt, natürlich und von selbst.

ERZENGEL URIEL: So arbeitet der Geist-Seelen-Komplex mit dem Tages- und Unterbewusstsein des Menschen.

Je feiner ein Mensch wird, umso intuitiver wird seine Wahrnehmung und desto bereitwilliger lässt er sich von seiner inneren Stimme führen.

JJK: Also der Lichtweltverlag braucht keine „extra Werbung“ zu machen – weder für ein Buch noch für etwas anderes?

ERZENGEL URIEL: Jeder Mensch, der von den Inhalten, der Energie und dem Licht, das von eurer Arbeit ausgeht, berührt wird, wird zu einem wandelnden

„Werbeträger". *(Es ist ein Wort, das mir nicht gefällt, aber ich solle es hier verwenden. Anm. JJK)* Die Energie, die ein Mensch freisetzt und ausstrahlt, geht weder verloren noch bleibt sie unbemerkt. Erwachende erwecken allein durch ihr SO-SEIN die Mitmenschen. Des Weiteren sorgt das kollektive Geist-Seelen-Feld dafür, dass diese Energie auf Seelenebene die richtigen Menschen erreicht und anspricht.

JJK: Das heißt, es ist gut, wie wir das im Lichtweltverlag handhaben – indem wir auf zu offensive Werbung verzichten.

ERZENGEL URIEL: Was sich verbreiten muss, das verbreitet sich auch! Erfreut euch daran, dass eure Arbeit von immer mehr Menschen angenommen wird und dass immer mehr Menschen einen großen Segen für sich selbst daraus ableiten. Die Anzahl jedoch ist generell von geringer Bedeutung, hier geht es um Qualität.

WARUM NOCH KEIN „BESTSELLER"?

JJK: Ich denke mir oft auch, warum haben wir noch keinen Besteller? Dadurch würden sämtliche finanzielle Sorgen der Vergangenheit angehören. Ich bin ja zufrieden, wie sich die Dinge entwickeln, aber diese Frage taucht immer wieder in mir auf.

ERZENGEL URIEL: Jedes Buch, das dir bisher übertragen wurde, ist ein „Bestseller"!

Um im Sinne deiner Fragestellung darauf zu antworten: Die Ausdehnung und Verbreitung eurer Schriften und Gaben spiegeln das Ausmaß des Erwachens auf diesem Planeten. Die meisten Menschen sind dafür noch nicht bereit. Sie haben sich für diese hohen Energien noch nicht geöffnet oder sind dafür noch nicht geöffnet worden.

In dem Moment, wo Millionen von Menschen die dir übermittelten Botschaften lesen und dafür ein Verständnis entwickeln, hat das kollektive Erwachen die Alltagsebene der Menschen erreicht.

Noch ist es nicht so weit. Dieser natürliche Prozess kann durch keine Werbung beschleunigt werden. Genauso wenig ist dieser Vorgang durch Sabotage zu verhindern. Das Aufwachen geschieht.

JJK: Was ist mit den vielen spirituell erwachten Menschen, die Bestseller schreiben. Wenn ich an die Bücher von Donald Walsh denke oder auch an die von Eckhart Tolle – das sind nur zwei Beispiele, wo Millionen Menschen berührt werden. Ist das denn nicht auch ein Zeichen des Erwachens?

DIE BEDEUTUNG VON AUFTRÄGEN

ERZENGEL URIEL: Jeder spirituell erwachte Mensch lebt seinen Aufträgen gemäß. Dabei holt jeder „Erwachte“ die Menschen an einem anderen Ort ab. Die Berührung durch das Licht findet auf unterschiedlichen Frequenzebenen statt und die Erwachten sind auf denen ihnen zugedachten Feldern tätig.

Die von dir angesprochenen Lichtwesenheiten stellen Schwingung und Wissen, Erkenntnisse und spirituelle Qualität auf eine Weise, die heute immer mehr Menschen „nehmen“ können, zur Verfügung. Dabei wird sehr viel Verständnis über die mentale und emotionale Ebene kreiert. Das bedeutet, heute können sehr viele Menschen über diese Ebenen erreicht werden.
Was sich schlüssig anhört, was verständlich ist und was sich gut und wahrhaftig anfühlt, kann integriert werden. Botschaften, die aus einer höheren Ebenen übermittelt werden, aus der rein „spirituellen Ebene“, sind nicht immer „schlüssig“, widersprechen sich oft und der Verstand hat sehr oft „Pause“. Das beinhaltet deine Arbeit und die des Lichtwelt-Projektes.

Seid euch bewusst: Jeder spirituell Erwachte kennt seine Aufträge und handelt dementsprechend – und jeder spirituell Erwachte weiß genau, wann und wo er Menschen abholt.

Er kennt sich selbst und er weiß, in welchen größeren Kontext seine Arbeit eingebettet ist.

WARUM KAM JESUS AUF DIE ERDE?

JJK: Warum ist dann JESUS auf die Erde gekommen? Ich meine, fast niemand hat ihn damals verstanden. Das ist ja über weite Strecken noch heute so ...

ERZENGEL URIEL: JESUS ist gekommen, um neue Ebenen des Lichts für die Menschen zugänglich zu machen. Auch hier gilt es in Jahrhunderten und nicht in Jahrzehnten zu messen. Es wurde eine Saat gelegt – und diese Saat geht jetzt auf.

Alle Menschen, die öffentlich Lichtarbeit verrichten und dabei einen bestimmten Grad an Selbstverwirklichung erreicht haben, kennen ihre Aufträge und sie wissen genau, welche Ebene sie abdecken und welche Menschen durch ihre Arbeit berührt werden sollen.

Hier geht es um keine Wertung, sondern um die Erfordernisse einer bestimmten Zeitqualität. Manche Lichtwesenheiten, die öffentlich wirken, haben innerlich eine weitaus höhere Verwirklichungsstufe, als es für die Menschen wahrnehmbar ist. Ab einer bestimmten Stufe der Verwirklichung stellt sich ein Mensch vollständig in den Dienst. Fähigkeiten und Werkzeuge dienen dafür, um seinen Dienst zu erfüllen – nicht aber, um auf den Grad seiner eigenen Verwirklichung aufmerksam zu machen. Hier ist die Rede von einer hohen Ebene von Selbst-Bewusst-Sein.

JJK: Ich danke dir für diese Antworten. Das ist für mich absolut verständlich und klar. Ich möchte gerne noch eine abschließende Frage stellen, da ich wahrnehme, dass unser heutiges Gespräch ausklingt.

WANN KOMMT DER „JÜNGSTE TAG"?

Wie nahe ist der Punkt, an dem sich alles verändert, wirklich? Wann dürfen wir den „Jüngsten Tag" erwarten?

Diese Frage stelle ich eigentlich weniger für mich, sondern ich weiß, wie viele Menschen ungeduldig sind und es kaum erwarten können, bis sich die Zustände auf Erden wandeln und sich die Lage für die Menschen verbessert.

ERZENGEL URIEL: Gott allein kennt diesen Tag. Gott allein weiß, wann die Menschen SEIN Gnadenfeld betreten können. Was jetzt geschieht, ist, dass jeder Mensch bestmöglich darauf vorbereitet wird.

So lade ich euch ein, nehmt alle Geschenke, nehmt das Licht und die Energie, die euch jetzt zufließen, aus ganzem Herzen an. Der Schleier zwischen den Welten wird immer transparenter und das innere Licht wird bei immer mehr Menschen entfacht.

Stück für Stück hebt sich die Erde aus dieser Matrix heraus und Schritt für Schritt kommen die Menschen ihrem höheren Bewusstsein näher.

Das Warten auf die Offenbarungen Gottes ist wenig hilfreich. Was jetzt von größtem Wert ist, ist die alltägliche Umsetzung dessen, was ihr innerlich bereits verwirklicht habt.

Das heißt, Liebe zu geben und Liebe zu sein, Licht auszusenden und Licht zu empfangen, inneren Frieden auch bei äußerer Unruhe beizubehalten – und Freiheit durch Bewusstheit zu erlangen:

- Achtet auf eure lichtvolle Schwingung.
- Säubert euer energetisches Gewand täglich von Unreinheiten.
- Bleibt empfänglich für die immer höheren Schwingungsfelder.

Dann werden euch vom Selbst alle Fragen beantwortet und dann hat dein Warten ein Ende.

Ich bin bei euch – bis zum Ende der Zeit.

Ich bin ERZENGEL URIEL

Jeder Mensch, der zusammenhanglos und nur aus Neugierde in eines seiner früheren Leben eintauchen möchte, ist gut beraten, dies zu unterlassen.

MEISTER EL MORYA

IST DAS WISSEN VON VORLEBEN NÜTZLICH?

GESPRÄCH MIT

MEISTER EL MORYA

NEUGIER FÜHRT ZUR „VERWÄSSERUNG“

DIE RICHTIGE VORGANGSWEISE

04. MÄRZ 2018

JJK: Ich habe in einem Buch gelesen, dass, wenn Menschen zum falschen Zeitpunkt Kenntnis über vergangene Leben erhalten, dies zu einer „Verwässerung" dieses Lebens führt. Was ist damit gemeint?

MEISTER EL MORYA: Gesegnet bist du, der du dem Lichte entgegen schreitest, geehrt bist du, der du aus diesen Worten Kraft schöpfst.

Ich bin MEISTER EL MORYA

Deine Frage deutet auf ein heute weitverbreitetes Phänomen hin. Die Menschen wollen wissen, wer sie in vergangenen Leben waren, ohne dabei zu berücksichtigen, ob dieses Wissen hilfreich oder hinderlich für das jetzige Leben ist. „Meister", die dieses Wissen vermitteln, sich aber der Zusammenhänge nicht bewusst sind, begehen einen großen Irrtum und führen jene, die danach verlangen, in die Irre.

Die Nützlichkeit dieses Wissens besteht vorrangig aus zwei Gründen:
1) Zur Heilung alter Verflechtungen.
2) Zum Erkennen des jetzigen Lebensweges.

Trifft Ersteres zu, dann sollten exakt die Verwundung und die Umstände in dem spezifischen Leben angesprochen werden – nichts darüber hinaus.

Trifft Zweiteres zu, dann hat der Mensch schon eine weite Reise hinter sich und ist mit einer großen inneren Sehnsucht nach Gott ausgestattet.

NEUGIER FÜHRT ZUR „VERWÄSSERUNG"

Jeder Mensch, der zusammenhanglos und nur aus Neugierde in eines seiner früheren Leben eintauchen möchte, ist gut beraten, dies zu unterlassen.

Solange keine tiefe innere Notwendigkeit danach entsteht – ein Verlangen, das nicht mehr gestillt werden kann – soll sich ein Mensch damit nicht befassen.

JJK: Bei mir war es so, dass ich ab einem bestimmten Zeitpunkt unbedingt wissen musste, wer ich in früheren Leben war, damit ich mein SO-SEIN in diesem Leben verstehen konnte. Es war also sehr hilfreich und sehr viele Heilungen konnten auf dieser Basis geschehen.

MEISTER EL MORYA: Du wurdest zu diesem Punkt hingeführt und es hat Zeit gebraucht. Dadurch konnte sich dein jetziger Lebensweg vor dir klar enthüllen und du hast verstanden, warum die Dinge in deinem Leben bisher so verlaufen mussten, wie sie verliefen – eine wahre Hilfe für dich, damit du in die Spur gefunden hast.

Wird dieses Wissen jedoch jemandem enthüllt, der damit nur sein Ego aufpolieren möchte oder der seine Neugier befriedigt, so kommt es zu einer „Verzerrung“ der Wahrnehmung und in der Folge zur „Verwässerung“ des Lebens insgesamt – Aufträge bleiben unerkannt und Bedeutungsloses wird als bedeutend wahrgenommen.

Das heißt, diese Menschen verlieren den Fokus auf die jetzige Inkarnation – meist schwelgen sie in diesen Erinnerungen oder sie schmücken sich mit alten Federn.

JJK: Ich habe mal jemanden gekannt, der erfuhr, dass er in einem früheren Leben ein bedeutender Dichter gewesen war – dies erzählte er dann bei jeder Gelegenheit seinen Freunden und hatte dabei immer einen beinahe verklärten Gesichtsausdruck. Seiner spirituellen Entwicklung half das, wie ich feststellen konnte, nicht.

MEISTER EL MORYA: Du beschreibst, was geschehen kann, wenn dieses Wissen auf unbearbeiteten seelischen Boden fällt. Es verwirrt mehr, als dass es hilft.

Wie also vorgehen, wenn euch „Meister“ diese Möglichkeit offenbaren? Denn heute ist es leicht, jemanden zu finden, der Einblick in diese Ebene hat und der dennoch wenig achtsam damit umgeht.

DIE RICHTIGE VORGANGSWEISE

Zuallererst prüft eure eigenen Absichten. Warum wollt ihr Wissen über frühere Leben erhalten? Ist es die Neugier, ist es das Ego oder ist es ein tiefes, inneres, spirituelles Verlangen, um euer jetziges Leben besser zu meistern?

Danach prüft den „Meister“, jene Menschen, die sagen, dass sie euch dieses Wissen vermitteln können. Ist diese Quelle rein, licht - und liebevoll? Ist diese Quelle kompetent, das heißt, hat sie tatsächlich Zugang zu diesem Wissen oder sind Phantasie und Geschäftssinn die Antriebsfedern?

Und schließlich der wichtigste Faktor:

Dieses Wissen gelangt zu euch, ihr müsst danach nicht suchen! Wenn ihr es wirklich benötigt, gelangt es zu euch – ganz von selbst! Es gibt unendlich viele Möglichkeiten, wie sich Gott in euch bemerkbar macht.

Daher mein abschließender Rat: Sucht nicht nach diesem Wissen, sondern wartet darauf, dass es euch findet. Das ist der sicherste Pfad, um die aktuellen Aufgaben in diesem Leben nicht zu vernachlässigen und um einer „Verwässerung“ vorzubeugen.

JJK: Wie ist es möglich, dass Menschen, die mit diesem Thema nicht verantwortungsvoll umgehen, diese spirituellen Zugänge haben? Hängt das nicht mit dem eigenen Reifegrad zusammen?

MEISTER EL MORYA: Fähigkeiten, wie diese, werden aufgrund von „Veranlagung“ und aufgrund von spezifischen Vorleben erwirkt. Mancher Mensch hat erstmalig diese Fähigkeit entwickelt, damit er damit umzugehen lernt. Verantwortungsvolles Handeln wird durch viele Leben hindurch auf unterschiedlichen Bereichen erworben – und nicht jeder Mensch meistert diese Stufe. Es gibt viele Rückfälle und Rückschläge.

Des Weiteren ist zu verstehen, dass es auch „dunkle Magier“ gibt. Diese sind mit immensen Fähigkeiten ausgestattet.

Es stellt sich also immer die Frage: Wofür wende ich meine Fähigkeiten an? Wo und aus welchem Grund setze ich meine Macht ein? Ein Erleuchteter ist sich seines Handelns im Geiste des Einen immer voll bewusst, ein der dunklen Seite zugewandtes Wesen ist sich seines Handelns im Geiste eigener Vorteile immer bewusst. Die Fähigkeiten sind beiden Seiten verliehen – der Umgang damit ist jedoch ein völlig anderer.

JJK: Ich schließe aus diesem Gespräch, dass es am besten ist, sich direkt mit Gott zu verbinden und darum bitten, dass alles, was für den Lebensweg notwendig ist, offenbart wird.

MEISTER EL MORYA: Der direkte Weg ist bei allen spirituellen Prozessen immer der beste Weg.

Wer Gott nahe ist, der hat kein Verlangen nach diesem Wissen – und wird es gegeben, dann nimmt er es dankbar an. Die Zuordnungen stimmen und die Aufträge können mit noch mehr Freude und Verständnis erfüllt werden.

Das allein rechtfertigt dieses Wissen. Alle anderen Beweggründe sind schädlich und von einzelnen Menschen aufrichtig zu hinterfragen.

Ich verabschiede mich für heute mit dem Segen Gottes und mit meiner Liebe.

Adonai

Ich bin MEISTER EL MORYA

Die Unfähigkeit vieler Menschen – Dinge, Situationen und Mitmenschen zu durchschauen – resultiert allein daher, dass die Menschen sich selbst nicht kennen.

MEISTER ST. GERMAIN

DER ENERGETISCHEN VERSEUCHUNG ENTGEGENTRETEN!

GESPRÄCH MIT

MEISTER ST. GERMAIN

DIE AUSEINANDERSETZUNG
BEWUSSTSEIN IST DEIN SCHUTZ
DIE EGO-FALLE
DIE „WANDERER“

05. MÄRZ 2018

TRAUM: *Ich sehe, wie über die Erde ein feiner, weißer Staub ausgebracht wird. Flugzeugdrohnen kontaminieren die Menschen und auch ich muss dieses Zeug einatmen. Es heißt, dass ein paar Tage später der sichere Tod folgt. Dann nehme ich zwei Menschen, eine Frau und einen Mann, wahr, die dafür verantwortlich sind und aufgrund von Schutzanzügen selbst davon unbeeinträchtigt bleiben. Ich greife zu brutalen Methoden, indem ich den Mann zwinge, dieses Zeug auch einzuatmen, und die Frau so lange in einer Badewanne mit dem Kopf unter Wasser halte, bis beide einwilligen, das Gegenmittel einzusetzen. Dies geschieht umgehend.* (TRAUM ENDE)

MEISTER ST. GERMAIN: Dieser Traum beschreibt die energetische Verseuchung des Planeten, die sich in den nächsten Jahren steigert.

JJK: Eine Fußnote noch, als ich diese Botschaft zu schreiben begann, setzte ich als Datum die Jahreszahl 2028 ein. Hat das etwas mit meinem Traum zu tun?

ST. GERMAIN: Es weist auf den Zeitraum hin, in dem bestimmte Transformationsprozesse dieser Erde abgeschlossen sein werden.

JJK: Wie im Buch „2026 – Offenbarungen Gottes" *(Lichtweltverlag, 2010)* beschrieben?

DIE AUSEINANDERSETZUNG

ST. GERMAIN: Dieser Traum weist auf eine andere Ebene im Transformationsprozess hin. Es ist die Ebene der „Auseinandersetzung“. Dabei geht es darum, dass sich die Lichtkrieger mit den Energien, den Entladungen, die jetzt bevorstehen, auf geeignete Weise auseinandersetzen.

Wichtig ist, das, was sich jetzt auftut und was jetzt aufbricht, nicht zu leugnen. Wichtig ist, es zu sehen und angemessen darauf zu reagieren.

Was sich ereignet, ist, dass energetische Übergriffe zunehmen und die ganze Erde scheint in einen „Energienebel“ getaucht zu sein, der die Menschen verwirren soll.

Die Rede ist von „Energie- und Schwingungsfeldern“, die eingesetzt werden, um die Menschen zu verwirren. Der Plan ist, die Menschen vom weiteren Erwachen abzuhalten, deshalb dieser eindringliche Traum von heute, damit dies in diese Botschaft einfließen kann.

Wie damit umgehen?
Der Traum zeigt, worum es geht: entschlossenes und mutiges Auftreten. Weist alle energetischen Angriffe entschieden zurück.

BEWUSSTSEIN IST DEIN SCHUTZ

Euer Bewusstsein ist der Schutz und damit dieser aktiviert ist, gilt es bewusst wahrzunehmen, was jetzt vor sich geht.

Im alltäglichen Leben zeigen sich diese Entladungen, indem die Menschen immer desorientierter und distanzloser werden. Die Suche nach lichtvollen Energiequellen wächst und immer mehr Menschen wenden sich hier an den Nächstbesten.

Es ist die Verzweiflung, die sich breitmacht, da immer mehr Menschen sehen, dass sie den Halt und die Orientierung verlieren. Die Energiefelder der dunklen Matrix übernehmen jene Menschen, die bis heute nur wenig oder gar keine Bewusstseinsarbeit betrieben haben – und das erklärt auch den aktuellen Status auf dieser Erde: Viele erwachen und weitaus mehr Menschen fallen in das Schicksalsrad von Zeit und Raum zurück. Das Licht bricht durch und dennoch treten sehr viele Menschen den Weg zurück in die Zukunft an.

Euch, den Aufwachenden, und euch, die ihr auf der Erde unverwandt wandelt, euch „Wanderern“ fällt dabei die Aufgaben zu, ein Fels in der Brandung und ein Licht auf der Anhöhe zu bleiben. Ihr sollt von den Menschen als Licht in der Finsternis wahrgenommen werden.

Deshalb ist es jetzt an der Zeit, jeden energetischen Angriff entschieden zurückzuweisen und mit aller Macht aufzutreten.

DIE EGO-FALLE

JJK: Interessant ist ja auch die Synchronizität, dass ich gestern ein kurzes Video von einem sehr bekannten „Transformationstherapeuten“ sah, wo mir richtig schlecht wurde. Dieser Mensch hat enormen Zulauf und machte auf mich den Eindruck eines Heizdeckenverkäufers, mit dem aufgrund seines Erfolges die Pferde durchgehen – ein Egotrip. Solche „Heiler“ sind genau das, was in meinem Traum der Mann und die Frau in der ersten Szene darstellten. Sie verblenden und „vergiften“ die Menschen …

ST. GERMAIN: Die Menschen zu verwirren und im Bewusstsein des Menschen für Verzerrungen zu sorgen, sodass die Wirklichkeit nicht mehr wahrgenommen werden kann, ist das Ziel der dunklen Seite. Dafür werden „Lichtwesen“ instrumentalisiert. Anfällig dafür sind solche Menschen, die eine hohe Identifizierung mit ihrem Ego aufweisen. Deshalb beobachtet jeden „Meister“ unter dem Gesichtspunkt seines Egos.

JJK: Je aufgeblasener jemand ist, umso vorsichtiger gilt es zu sein?

ST. GERMAIN: Ein aufgeblasenes Ego bei einem Mitmenschen gilt es jedoch zu erkennen. Das heißt, wichtig ist, seine eigenen Ego-Themen zu beleuchten und zu sehen, wenn die Ego-Falle bei dir zuschnappt. Erst dann bist du imstande, die Themen bei anderen Menschen zu erkennen.

Die Unfähigkeit vieler Menschen – Dinge, Situationen und Mitmenschen zu durchschauen – resultiert allein daher, dass die Menschen sich selbst nicht kennen.

Also geht bitte noch tiefer in eure Themen hinein, bis ihr von keiner Macht der Erde mehr getäuscht werden könnt. Das ist die Botschaft.

DIE „WANDERER“

JJK: Was oder wer sind „Wanderer“?

ST. GERMAIN: Menschen, die aus einer höheren Schwingungs- und Verwirklichungsstufe auf der Erde inkarniert sind, um ihren Beitrag im Sinne des EINEN Schöpfers für diese Welt zu leisten.

Es sind Menschen, die nicht oft auf dieser Erde geboren wurden und grundsätzlich wenig karmische Verflechtungen aufweisen.

JJK: Wie viele solche Menschen gibt es derzeit auf dieser Erde?

ST. GERMAIN: 240 Millionen – mit stark steigender Tendenz.

Wir beenden an dieser Stelle unser heutiges Gespräch. Ich bin bei euch und mit euch. Bleibt in Gottes Frieden und bleibt in der Schwingung der Liebe.

MEISTER ST. GERMAIN

Solange das Verlangen „helfen zu wollen“ besteht, bedarf der Mensch selbst der Hilfe.

BUDDHA

„ICH MÖCHTE MENSCHEN HELFEN“

GESPRÄCH MIT
BUDDHA

07. MÄRZ 2018

Ein Mann fragte einmal Buddha: „Ich möchte gerne Menschen helfen. Sag mir, was ich tun soll." Buddha schaute ihn an und wurde sehr traurig. Der Mann war verwirrt und fragte: „Warum macht dich das so traurig? Habe ich etwas Falsches gesagt?" Buddha antwortete: „Wie kannst du anderen Menschen helfen? Du hast ja noch nicht einmal dir selbst geholfen! Du wirst ihnen im Namen der Hilfe nur schaden." (Aus dem Buch: OSHO Emphatie, S. 56, Innenwelt Verlag)

JJK: Ist das nicht genau die Situation, in der sich heute extrem viele Menschen, die den Lichtpfad betreten, befinden? Selbst noch der Hilfe bedürftig, wollen sie anderen helfen ...

BUDDHA: ***Solange das Verlangen „helfen zu wollen" besteht, bedarf der Mensch selbst der Hilfe. Erst wenn dieses Verlangen erlischt, kann wahres Mitgefühl hervortreten und Erleuchtung geschehen.***

JJK: Aber heißt dies, dass niemand jemandem helfen soll? Schließlich ist die Welt voller Menschen, die noch nicht erleuchtet sind.

BUDDHA: Von Bedeutung ist das Bewusstsein, das ein Mensch über sich selbst und seine Hilfeleistungen hat. Ist sich der Mensch seiner eigenen Bedürftigkeit noch bewusst oder ist er es nicht?

Wichtig ist eine wahrhaftige Selbstwahrnehmung, dann hat auch diese Hilfe ihren Platz und sie wird keinen Schaden anrichten.

Diese wahrhaftige Selbstwahrnehmung ist jedoch bei den wenigsten Menschen vorhanden und das Bedürfnis, anderen Menschen zu helfen, übertüncht die eigene Bedürftigkeit.

Solange eine Absicht besteht, kann sich Mitgefühl nicht einstellen. Reines Mitgefühl ist absichtslos – es IST. Reines Mitgefühl möchte nichts und möchte auch niemandem helfen, sondern es IST.

Menschen, die erkennen, dass sie diesen Grad der Verwirklichung noch nicht erreicht haben, hören augenblicklich auf, jemandem helfen zu wollen, sondern sie helfen zuerst sich selbst: „Wer bin ich, dass ich anderen helfen kann?“

Von Demut erfasst, wendet sich solch ein Mensch seiner eigenen Bedürftigkeit zu, bis das Verlangen, sich in andere Leben einzumischen, stirbt und wahres Mitgefühl geboren werden kann.

Dies zu verstehen, ist für einen Menschen so lange schwer, solange sein Ego nach Bestätigung verlangt. Verschwindet das Ego, verschwinden auch solche Bedürfnisse.

Dann beginnt der Weg in die Vollendung und dann ist ALLEN geholfen.

Wahres Mitgefühl kommt immer ohne Absicht und Verlangen aus. Hilfeleistungen aus dem Ego-Bewusstsein haben eine völlig andere Signatur.

Enthüllt sich dir das Wesen des Mitgefühls, enthüllt sich dir die Quelle allen Seins.

Ich bin BUDDHA

Sorgt euch nicht um euer Leben, sondern sorgt euch allein dafür, wie ihr Gott und den Menschen dienen könnt. Erfüllt eure Aufgaben und überlasst alle Sorgen Gott. Das ist der richtige Weg.

MEISTER ST. GERMAIN

DER FINALE UMBAU DAUERT 21 TAGE!

GESPRÄCH MIT

MEISTER ST. GERMAIN

ZU RECHTEN ZEIT AM RICHTIGEN ORT
ERDE BLEIBT BESTEHEN, WELT WIRD ZERSTÖRT!

09. MÄRZ 2018

ZU RECHTEN ZEIT AM RICHTIGEN ORT

MEISTER ST. GERMAIN: ***Die Ereignisse nehmen ihren Lauf. Seid darauf vorbereitet, indem ihr alles, was kommt, bereit seid zu akzeptieren und indem ihr euch ganz in die Hände Gottes begebt.***

Das alltägliche Leben der Menschen wird sich stark verändern und dies betrifft die Menschen am Lande gleichsam wie die Menschen in den Städten. Deshalb macht euch keinerlei Sorgen oder Gedanken im Bezug darauf, wo ihr an diesem Tage sein sollt.

Jeder, der mit Gott lebt und mit der Quelle verbunden ist, wird am Tag X zur rechten Zeit am richtigen Ort sein.

Dieser Wandel ereignet sich in einer unglaublichen Geschwindigkeit. Deshalb ist eine langfristige Vorsorge von materiellen Gütern zwecklos - eine Vorsorge für einige Tage ist jedoch ratsam.

Neben Lebensmitteln für einige Tage achtet vor allem darauf, dass ihr immer sauberes Wasser zur Verfügung habt. Lebensmittel für einige Tage sind auch sehr sinnvoll.

Große Anstrengungen, um das körperliche Überleben zu sichern, sollen jedoch vermieden werden, da sich der Wandel auf eine bisher einmalige Weise ereignet und euch auch die Kräfte des Himmels in allen Belangen unterstützen werden. Ihr werdet nicht alleine gelassen in diesen Tagen und Stunden und so gilt es, das Hauptaugenmerk auf die wirksamste Vorsorge, die es gibt, zu lenken: sich ganz in das Gottvertrauen zu begeben.

Sorgt euch nicht um euer Leben, sondern sorgt euch allein dafür, wie ihr Gott und den Menschen dienen könnt. Erfüllt eure Aufgaben und überlasst alle Sorgen Gott. Das ist der richtige Weg.

JJK: Für wie viele Tage sollte ein Menschen Lebensmittel und Wasser bereithalten?

MEISTER ST. GERMAIN: Für 21 Tage. Dann ist der Vorgang auf allen Ebenen vollendet und jeder Winkel der Erde ist verwandelt.

JJK: Es drängt sich mir die Frage auf, wenn jeder Mensch den Wandel anders erlebt, dann müsste sich auch jeder Mensch anders darauf vorbereiten?

MEISTER ST. GERMAIN: Ich spreche hier zu euch, die ihr eine spirituelle Wahrnehmung allen Lebens verinnerlicht und euer Leben ganz darauf ausgerichtet habt. Jene Menschen, die fern von Gottes Gnade in der harten 3D-Matrix leben, haben von den hier beschriebenen

Wirklichkeiten keine Ahnung und somit werden sie davon auch nicht berührt. Aber auch für diese Menschen gilt, dass die finalen Umbrüche sehr schnell geschehen – und sie werden sich auf einer anderen Welt einfinden.

JJK: Das heißt, es werden viele Menschen „sterben".

MEISTER ST. GERMAIN: Es werden viele Menschen ihre Körper verlassen und aufgeben – müssen.

Dazu gibt es, wenn der große Gongschlag vom Himmel ertönt, keine Alternative. Jedoch verabschiedet euch von der Vorstellung, dies wäre eine Katastrophe. Ganz im Gegenteil, dies soll den meisten Menschen zum Segen gereichen, da sie dann auf einer neuen Erde neue Gelegenheiten zum Wachstum erhalten.

Wichtig zu verstehen, ist, dass auf dieser Erde durch eine Vielzahl von Beeinflussungen und Manipulationen für viele Menschen klare Gedanken und reine Empfindungen nicht mehr möglich sind. Deshalb werden derart „desorientierte" Menschen in ihrem nächsten Leben auf einer Erde inkarnieren, die frei von derartigen Einflüssen ist, und sie werden adäquate „Erkenntnis-Chancen" vorfinden.

JJK: Das heißt, diese Welt wird vollständig abgetragen?

ERDE BLEIBT BESTEHEN, WELT WIRD ZERSTÖRT!

MEISTER ST. GERMAIN: Diese Welt wird nicht wiederzuerkennen sein und so, wie sie jetzt ist, nicht fortbestehen – auch wenn viele von euch das Wort „Zerstörung" nicht mögen oder sich davor ängstigen.

Diese Welt – nicht die Erde – wird zerstört und eine völlig neue Wirklichkeit wird entstehen.

Nur jene Menschen, die sich bis zuletzt jedem Wandel und jeder Erkenntnis verschließen, oder jene Menschen, die federführend dazu beitrugen, dass diese Menschheit derart in Mitleidenschaft gezogen wurde, nur diese Menschen werden auf einer anderen Ebene eine exakte Kopie dieser Welt, die sie selbst erschufen, vorfinden. Hier werden große „Karma-Ketten" erlöst und dafür ist dies notwendig.

Das bedeutet: Auch wenn nur die wenigsten Menschen in die 5. Dimension des Seins aufsteigen, so wird sich die überwiegende Zahl der Menschen auf der Erde ähnlichen Planeten einfinden. Ein jeder wird das ernten, was er gesät hat, und die Vielfalt ist wahrlich unbegrenzt – unbegrenzt, wie es auch die Planeten, Galaxien und Universen sind. Es ist für alles und für jeden gesorgt, so sorgt euch nicht.

Ich beende nun dieses Gespräch und diese Botschaft. Es wird große Veränderungen geben. Während die Einen aufwachen, befinden sich die Anderen im Tiefschlaf. Damit ist dem Lauf der Zeit und dem Willen des Einzelnen entsprochen.

Wir sind allezeit mit euch. Freut euch und fürchtet euch nicht, denn der Tag des Herrn und die Stunde, in der die Menschen zurückfinden in den Schoß der göttlichen Mutter, sind nahe.

Ich bin
MEISTER ST. GERMAIN

Immer wenn sich eine Tür schließt,
gehen zwei andere Türen auf.

BABAJI

ARBEITET HINGEBUNGSVOLL WEITER!

GESPRÄCH MIT

BABAJI

14. MÄRZ 2018

EINLEITUNG: Aufgrund der letzten sehr fordernden Ereignisse im Verlag *(Details sind hier bewusst ausgespart)* wandte ich mich an Babaji. Wie so oft in ähnlich fordernden Situationen, schlage ich im Buch von Babaji blind eine Seite auf. Ich lese:

„Vor Tausenden von Jahren formulierten die Weisen dieses Gebet:

Mögen alle glücklich sein
Mögen alle frei von Krankheit sein
Mögen alle das Gute erkennen
Möge niemand an Elend leiden

(...) *Jetzt möchte ich, dass jedes Lebewesen glücklich dadurch wird, dass sich sein Herz wandelt. Nur so kann der Traum der Weisen, die das Gebet formulierten, sich bewahrheiten. Der Weg selbstlosen Handelns allein kann zu Zufriedenheit und guten Ergebnissen führen; dann werden auch die Herzen der Menschen froh.* **Folgt deshalb alle dem Weg hingebungsvoller Arbeit.**"
(Aus „Babaji spricht: Prophezeiungen und Lehren", Seite 136 ff – Hervorhebung von JJK)

JJK: Vor allem die Hinweise auf die ***hingebungsvolle Arbeit*** und den ***Wandel der Herzen*** haben es in sich. Das heißt, was auch immer kommt: Verwirklicht eure Aufträge und heilt euch selbst.

BABAJI: Ich bin bei euch, ich bin bei dir, Jahn. Geht den Weg des Lichts unbeirrt weiter – gleich, wie sehr ihr am Vorwärtskommen gehindert werdet – ihr werdet schlussendlich erfolgreich eure Aufgaben erfüllen. Auch wenn es schmerzlich ist: nicht immer bleiben alle „Freunde" am einst eingeschlagenen Pfad des Lichts. Vor allem jetzt, da das Licht auf alles, was noch unerlöst ist, hin leuchtet, können viele Menschen damit nicht mehr umgehen.

Was bis heute verdrängt wurde, kommt ans Licht und nur wer im Transformationsprozess ein bestimmtes Maß an Übung vorweisen kann, behält jetzt die Übersicht und hat die Kraft, noch tiefer in seine Themen einzusteigen.

Generell gilt, bitte bleibt im Vertrauen. Geht weiter. Bleibt unbeirrt und wisset: ***Immer, wenn sich eine Tür schließt, gehen zwei andere Türen auf.***

Es ist eine fordernde Zeit und alle Menschen sind eingeladen und aufgefordert, ihre Herzen zu wandeln. Selbstloses Handeln, was in diesem Falle bedeutet, egobefreites Handeln, ist nur dann möglich.

Heute scheitern viele lichtvolle Vorhaben nur daran, dass einzelne Menschen ihre alten Themen, die sie zu Sklaven dieser Welt degradieren, weder erkannt noch erlöst haben.

Der tatsächliche spirituelle Befund dieser Zeit ist: Der Wunsch, aufzusteigen, nimmt bei den Menschen zu, während der Elan, die Voraussetzungen dafür in sich selbst zu erschaffen, abnimmt.

Seid bereit für das Neue. Ich bin bei euch.

Seid glücklich, dann kommt das Glück von selbst in euer Leben. Bleibt hingebungsvolle Arbeiter im Weingarten Gottes, dann fallen euch die reifen Früchte von selbst in den Schoß.

Wandelt euer Herz – es ist die lohnendste Aufgabe eines Menschen, denn fürwahr:

Ein Mensch ist Gast auf dieser Welt und sein Heim befindet sich bei Gott allein.

Ich bin BABAJI

Frieden ist die Medizin
für den Geist und Vergebung
ist die Salbe für dein Herz.

BABAJI

GEFANGEN IN DER MATRIX?

GESPRÄCH MIT

BABAJI

BEDINGUNGSLOS DIENEN AUF 3D
GEFANGEN IN DER MATRIX
DAS SCHWERT GOTTES
FRIEDEN UND VERGEBUNG

18. MÄRZ 2018

BEDINGUNGSLOSES DIENEN AUF 3D

JJK: Ich habe zu einem bestimmten Thema, mich und den Verlag betreffend, mit dem Kristallwürfel des Aufstiegs gearbeitet. Es kam die 6, was in meinem Fall hieß: *„bedingungsloses Dienen“*. Während der Meditation fiel mir der Traum der heutigen Nacht ein.

TRAUM: *Ich befinde mich in den USA. Ich weiß nicht, wie ich dahin gekommen bin, doch ich gehe durch ein schäbiges Dorf irgendwo im Landesinneren – billige Shops, Glücksspiel und Prostitution bestimmen das Straßenbild. Die Menschen sind demensprechend derb und grob. Ich entscheide wieder heimzureisen und bemerke, dass ich keinen Reisepass dabeihabe. Gefangen! Ich beschließe, mir in den USA eine Arbeit als Kellner zu suchen, dann lerne ich wenigstens Englisch und nach einigen Jahren kann ich vielleicht Staatsbürger werden und so zu einem Reisepass kommen.*
(TRAUM ENDE)

Ich bin BABAJI

Klarheit, Wissen und Kenntnis ist jetzt auf bestimmten Ebenen erforderlich. Was richtig ist, was falsch, was notwendig ist, was überflüssig? Wohin sollt ihr euren Geist bewegen, wohin eure Gedanken lenken und wohin mit euren Emotionen gehen?

Ich bin bei euch.

Dein Traum bedeutet, dass deine und die Aufgaben des Lichtwelt-Projektes auf die 3D-Ebene abzielen. Dort gilt es im Dienst zu stehen und eure Aufgaben bedingungslos auszuführen.

Ihr könnt nicht abbrechen oder abreisen, wann ihr es wollt, sondern dann, wenn die göttliche Vorsehung es für euch so bestimmt.

Es ist von großer Bedeutung, dass ihr euren Platz auf dieser Welt einnehmt und ganz selbstverständlich mit den Schwierigkeiten dieser Ebene umgeht.

Was euch Menschen antun, wie sie mit euch mitschwingen oder sich gegen euch stellen, darf nur insofern beachtet werden, wie es eurem eigenen Fortschritt dient.

JJK: Nach der Meditation schlug ich im Buch von BABAJI – per Zufallsprinzip – diesen Satz auf: *„Seid also immer bemüht, Fortschritte zu machen, gehorcht meinen Anweisungen und übt euch in geistiger Disziplin."*

BABAJI: Das ist die Essenz eines geglückten Lebens mit der Führung Gottes. Es ist euch wenig geholfen, so ihr bei jenen, die am Wege stehen bleiben oder sich von euch abwenden, verweilt. Es ist jedoch Teil eines Menschenlebens, das sich dem Dienste an Gott verschrieben hat, dass es alles verzeiht und, ehe es weiterschreitet, alles vergibt.

GEFANGEN IN DER MATRIX

Die USA spiegeln im Traum die 3D-Matrix. Dass du darin gefangen bist, zeigt auf, wie du dich manchmal bei deiner Arbeit fühlst. Dennoch, du entscheidest, als Kellner in einen „niederen" Dienst zu treten und abzuwarten, bis dir die Papiere für den Abflug übermittelt werden. Du hast keine Eile, du akzeptierst das Los – und exakt das ist die richtige Einstellung und ist der richtige Zugang für die spirituelle Arbeit und ein spirituelles Leben.

Dieser Traum wurde dir heute für dich selbst und das Selbstverständnis der engsten Freunde eingespielt, damit ihr gelassen und selbstverständlich weiterschreitet und eure Aufgaben auf einer tieferen Ebenen versteht, um sie erneut in euch zu verankern. Diese Notwendigkeit ist jetzt gegeben. Vor allem in einer schwierigen Lage gilt es diesen Anker zu setzen. Nichts und niemand kann euch dann durch ein unbotmäßiges Verhalten, durch unbewusste und bewusste Angriffe von dem, was ihr zu tun gekommen seid, abhalten.

Wankt nicht, sondern schreitet zügig weiter und seid euch bewusst: Nur die wenigsten Menschen können die jetzige Zeit der Wahrheit verkraften und auf das Licht des Himmels adäquat antworten.

DAS SCHWERT GOTTES

geht quer durch die Familien hindurch. Das, was euch MEISTER JESUS vorausgesagt und angekündigt hat, ist jetzt. Viele - sehr viele - fallen vom rechten Glauben ab. Dies deshalb, da sie ihren Glauben niemals überprüft und nie tiefe innere Gewissheit erlangt haben.

Je mehr unerlöste Lasten ein Mensch heute mit sich trägt, umso gefährdeter ist er, die Orientierung auf dieser Welt und den Halt in sich selbst zu verlieren.

Der aktuelle Fall zeigt auf, dass das Licht jetzt überall durchbricht! Es dringt in tiefe Ebenen hinein und es offenbart den Menschen die Wahrheit - was viele die Flucht ergreifen lässt.

JJK: Warum nimmt mich das so her?

BABAJI: Du wurdest heute am Nachmittag „enttäuscht", von einer Täuschung befreit - einer Täuschung, an die du gerne geglaubt hast.

FRIEDEN UND VERGEBUNG

JJK: Noch eine Botschaft war in der heutigen Meditation präsent - Frieden und Vergebung.

BABAJI: Darum geht es bei jeder Heilung.

Frieden ist die Medizin für den Geist und Vergebung ist die Salbe für dein Herz.

Klarheit ist euch gegeben worden, richtige Zuordnungen sind erschaffen und ***ein jeder findet sich dort ein, wo er in Wirklichkeit steht, und nicht, wo er sich selbst gerne sieht.***

Eure Arbeit im Garten Gottes geht weiter, bis euch die Papiere für die große Reise heimwärts ausgehändigt werden.

Bis dahin ist noch sehr viel zu tun und viele Wege werden sich kreuzen. Bis zum Ende, Seite an Seite gemeinsam schreiten werden jedoch immer nur wenige.

Ich liebe euch unendlich

BABAJI

Liebe und Frieden erringt ein Mensch, indem er eine innige Beziehung zu Gott hat, und nicht, indem er sich durch Meditation oder durch das Gebet innerlich beruhigt und auf diese Weise seine Dämonen bändigt.

SAI BABA

SPIRITUELLE ÜBUNGEN FÜHREN NICHT ZUR ERLÖSUNG

GESPRÄCH MIT

SAI BABA

GEBETE SIND HILFSMITTEL
WO STEHT DIE MENSCHHEIT HEUTE?
ESOTERIK-TOURISTEN
TOTALE HINGABE

31. MÄRZ 2018

GEBETE SIND HILFSMITTEL

(...) *„Die Rezitation des Namens Gottes oder Meditation sind nur Werkzeuge für euch, die ihr eines Tages wieder aufgeben müsst. Es sind Hilfsmittel, mit denen ihr das erreichen könnt, was beständig ist: Liebe und Frieden. Sie sollten euer bleibender Besitz sein."*
Sai Brief 19, S. 13 (Jesus und Sai Baba, Govinda Sai Verlag, S. 342ff)

JJK: Ich habe heute nach dem Aufwachen diesen Satz gelesen und er bestätigt meine Wahrnehmung, dass sehr viele Menschen Affirmationen, Mantren, Verfügungen, Gebete sprechen und glauben, damit sei alles getan. Meine Frage ist, wo befindet sich die Menschheit derzeit? Welchen Erkenntnisstand hat das menschliche Kollektiv verwirklicht und was ist noch zu tun?

SAI BABA: Ich umfange euch mit meiner Liebe. Ich bringe der Menschheit Frieden und Licht. Ich bin der Vermittler göttlicher Gnade. Ich bin bei euch.

Der große Teil der Menschen, die jetzt langsam aufwachen, halten sich an Gebeten, Meditationen oder Mantren - wie an einem rettenden Halm - fest. Das ist für diese Zeit angemessen, denn das ist die Basis dafür, um an die Quelle angebunden zu bleiben und eines Tages diese Werkzeuge abzulegen.

Dann, wenn ein Mensch ausreichend Selbstbewusstsein und Selbsterkenntnis erlangt hat, stellt er dies infrage und er erhält die eine Antwort: Lege die Hilfsmittel, die dich in die Nähe Gottes bringen, ab und lass dich ganz auf Gott ein.

Liebe und Frieden erringt ein Mensch, indem er eine innige Beziehung zu Gott hat, und nicht, indem er sich durch Meditation oder durch das Gebet innerlich beruhigt und auf diese Weise seine Dämonen bändigt.

Erst die intensive Erlösungsarbeit hebt einen Menschen an und führt ihn aus der Finsternis ins Licht. Dafür müssen alle Dämonen wahrgenommen und der Erlösung zugeführt werden - eine Arbeit, für die heute die Wenigsten bereit sind.

Deshalb dienen die Religionen und dienen Gebet und Meditation dafür, um sich auf die Begegnung mit der inneren Welt vorzubereiten. Das ist ein guter Anfang, jedoch ein Anfang, mehr nicht.

WO STEHT DIE MENSCHHEIT HEUTE?

Das menschliche Kollektiv befindet sich heute auf der Ebene, auf der „Spiritualität" langsam zugelassen wird. Es ist ein zaghaftes Erwachen, aber es ist ein Erwachen.

Nur die wenigsten Menschen verfügen heute über den Bewusstseinszustand, der sie fern von Gebeten und fern der Meditation Gott erfahren lässt. Der direkte Gottesweg und die innige Verbindung mit Gott sind den wenigsten Menschen gegeben, da die meisten noch sehr viele Hindernisse und Blockaden aus den Weg zu räumen haben.

Insgesamt befindet sich diese Menschheit auf dem Weg nach „oben". Es geht Richtung Licht, Richtung Himmel, Richtung Heimat. Der Weg jedoch ist noch ein langer und viele Ereignisse – vorhersehbare und unvorhersehbare – warten auf ihre Manifestation.

ESOTERIK-TOURISTEN

JJK: Ich bin manchmal traurig oder von meiner Arbeit müde, da so wenige Menschen wirkliche Selbstbetrachtung betreiben und die meisten immer nur von sich selbst ablenken. Was wirklich Transformationsarbeit bedeutet, entzieht sich den Meisten – und viel schlimmer noch: Wenn es ein wenig ans „Eingemachte" geht, laufen fast alle davon. Es gibt so viele Esoterik-Touristen und so wenige echte Adepten.

Meine Frage ist: Macht diese Arbeit dennoch Sinn? Und wenn ja, welchen?

SAI BABA: Ihr seid Boten Gottes, ihr seid Verkünder des Wortes Gottes! Als solche bereitet ihr den Boden für alle zukünftigen Entwicklungspotenziale auf. Eure Arbeit macht nicht nur Sinn, sondern sie ist DER Sinn eines zutiefst geglückten Lebens. Erfolge müssen nicht sofort sichtbar sein, ganz im Gegenteil:

Überall, wo das Göttliche wirkt, verbreitet sich die Energie behutsam und im Einverständnis mit dem Willen des Einzelnen. Hier werden lange Zeiträume durchmessen und viele Leben gelebt, ehe es sichtbare „Erfolge" gibt.

JJK: Ich dachte, dass die Menschen jetzt aufwachen, und es somit leichter ist für sie, die eigene Erkenntnisarbeit voranzubringen. Ich dachte, es würden einfach viel mehr Menschen in ihrem Inneren nach Klarheit suchen, als es tatsächlich der Fall ist. Das ist es, was mich nachdenklich stimmt.

TOTALE HINGABE

SAI BABA: Schlag das Buch wieder auf…

JJK: Ich wähle wieder per Zufallsprinzip eine Seite und lese: *„Einen dauerhaften Zustand der Befreiung kann es ohne totale Hingabe nicht geben."* (S. 114)

SAI BABA: Es mangelt den Menschen an „totaler Hingabe". Dass es so wenige Menschen gibt, die dazu fähig sind, liegt daran, dass sie noch sehr viele unerledigte Themen mit sich führen.

Wir befinden uns in der Phase, in der immer mehr Menschen bewusst wird, dass etwas in ihrem Leben fehlt. Eine innere Unruhe erfasst die Menschen und sie beginnen sich umzublicken, aufzublicken und in ihr Inneres zu schauen. Es ist ein Prozess, der mit DER Energie, die ein Mensch dafür bereitstellt, geschieht. Unter optimalen kosmischen Voraussetzungen können heute mehr Menschen denn je erwachen. Dass es am Ende insgesamt gesehen Wenige sein werden, zeichnet sich ab, ist aber dennoch ein großer Erfolg für den Wandel insgesamt.

Zu verstehen ist: Der Boden für zukünftige Erkenntnisse wird weltweit aufbereitet – und dieser Boden wird auch durch die Arbeit, die das Lichtwelt-Projekt leistet, gelockert – ein wesentlicher Dienst – seid euch dessen immer bewusst.

JJK: Wodurch werden Illusionen zerstört? Wie kann ein Mensch zur wahren Hingabe an Gott fähig werden?

SAI BABA: Die Reife der Seele und viele gelebte Leben machen den Unterschied.

Wer Gott in seinem Herzen wahrnimmt, der ist bereit, alles, was diese Wahrnehmung eintrübt, zu entfernen. Gott wahrzunehmen kann nur der, der durch viele Lebenserfahrungen geschritten ist, der Gott in vielen Leben gesucht, aber nicht gefunden hat. Wer dieser Matrix entsteigen möchte, muss sie erfahren haben.

Diesbezüglich haben viele Menschen immer noch einen Nachholbedarf und den Wunsch – eingestanden oder uneingestanden – auf dieser Welt etwas zu erleben. Sie wollen im Spiel bleiben.

Wenn es heißt, ob du bereit bist, für Gott alles aufzugeben, dann trennt sich die Spreu vom Weizen.

Mit dieser Botschaft segne ich dich. Frieden und Liebe lassen sich nieder in dir, wenn du bereit bist, fern von spirituellen Übungen Erlösung zu suchen.

JJK: Ich bin wieder aufgefordert, in das Buch zu blicken. Ich lese:

„Spirituelle Übungen selbst führen nicht zur Erlösung." (S. 115)

SAI BABA

Ängstlichkeit, Mutlosigkeit und Trägheit sind heute die größten Hindernisse eines Menschen.

BABAJI

VON DER GEWALT

GESPRÄCH MIT

BABAJI

GEWALTTÄTIGKEIT AUSROTTEN UND
GEWALTLOSIGKEIT ABSCHAFFEN
GLAUBENSSÄTZE DER MATRIX
MAHATMA GANDHI

05. APRIL 2018

GEWALTTÄTIGKEIT AUSROTTEN UND GEWALTLOSIGKEIT ABSCHAFFEN

„Babaji spricht“, 25. März 1982: *„Ich möchte Gewalttätigkeit auf dieser Erde ausrotten. Ich werde Trägheit abschaffen. Es gibt Elemente, die die Schöpfung zerstören, doch sie selbst werden zerstört.“*
(„Babaji spricht: Prophezeiungen und Lehren“, S. 43)

Dann im selben Buch eine Seite weiter.

„Babaji spricht“, 6. April 1982: *„Ich möchte alle, die hierhergekommen sind, zu wahren Weltbürgern machen. Dazu muss die Ideologie der Gewaltlosigkeit abgeschafft werden. Die Menschen predigen Gewaltlosigkeit und dabei wird ihr Blut zu Wasser. Ich möchte wahre Menschlichkeit erwecken. Dieser eurer menschliche Körper ist unter großen Schwierigkeiten erworben. Seid deshalb mutig und tapfer. Der Mensch muss großen Mut haben.“*
(„Babaji spricht: Prophezeiungen und Lehren“, S. 44)

JJK: Dies ist für mich eine wunderbare Stelle, an der zu sehen ist, dass eine spirituelle Schulung voller Widersprüche ist. Einmal heißt es, dass die Gewalttätigkeit ausgerottet und dann, dass die Gewaltlosigkeit abgeschafft werden soll.

Ich verstehe es so:

1) ***Gewalttätigkeit auszurotten***, heißt, jene Elemente, die der Schöpfung Gewalt antun, zu zerstören, sich Gewalttätigkeit nicht gefallen zu lassen wie Schlachtvieh, sondern mutig zu sein und dagegen aufzustehen. Dies kann auf vielen Ebenen und mit vielen Methoden geschehen, aber es muss geschehen, damit der Destruktivität Einhalt geboten werden kann. Für mich ist dieser Satz das exakte Gegenteil des Bibelspruches: *„Wenn dich einer auf die linke Backe schlägt, dann halt ihm auch die andere hin"* (Mt 5,39)

2) ***Gewaltlosigkeit abzuschaffen,*** heißt, die Menschen aus ihrer Trägheit, indem sie sich alles gefallen lassen, herauszuführen. Tolerant zu sein, wo Intoleranz herrscht, ist ein großer Irrtum. Insofern gilt es tapfer und mutig zu sein.

Zusammengefasst: Wer zu Gewalttätigkeit neigt, muss zur Umkehr veranlasst werden oder die Erde verlassen. Wer blind und ängstlich alles über sich ergehen lässt, der muss aufwachen, Mut fassen und gegen die Gewalt, die im zugefügt wird, aufstehen. Jeder muss die Haltung erwerben, die ihm fehlt oder die unterrepräsentiert ist.

BABAJI: Ich bin mitten bei den Menschen. Ich bin der Anfang und das Ende allen Seins auf dieser und in allen Welten. Ich bin bei den Menschen, damit sie sich erheben können und in einer Welt der Verwirrungen klar zu sehen, klar zu erkennen und klar zu fühlen lernen – zwei sich scheinbar widersprechende Botschaften, zu denen du heute geführt wurdest, damit sie Eingang finden in diese Übermittlung von göttlicher Energie und Liebe.

Geliebte Menschen,

Ängstlichkeit, Mutlosigkeit und Trägheit sind heute die größten Hindernisse eines Menschen.

GLAUBENSSÄTZE DER MATRIX

Eingesponnen in das Netz dieser Matrix sind die meisten Menschen unfähig, klar zu denken oder klar zu fühlen. So werden auch die Glaubenssätze dieser Matrix blind befolgt. Gewaltlosigkeit, die errungen werden soll, und Gewalttätigkeit, die notwendig ist, scheinen Widersprüche zu sein, dabei ist es über alle Maßen einfach:

A) Wer dazu neigt, Schwierigkeiten mit Gewalt zu lösen, wer Gewalt generell als Mittel zum Zweck einsetzt, dem wird dieses Feld entzogen, der wird zur Umkehr bewegt oder aber der muss diese Welt verlassen.
B) Wer dazu neigt, der Gewalt auf der Welt mit selbstverleugnender Toleranz zu begegnen, dem werden Mut und Tapferkeit eingeflößt, damit er aufstehen kann gegen das Übel.

Zerstörung und Transformation liegen hier Seite an Seite – denn es ist ein und dasselbe, ob sich dunkle Elemente freiwillig verflüchtigen oder ob sie „gewaltsam“ dahin gehen, wo sie ihr Werk fortsetzen oder sich selbst dem Wege des Lichts verschreiben können.

Hier gilt es zu verstehen, wem sage ich was. Zu welchen Menschen sprach ich an diesen beiden Tagen. Wer bedurfte welcher Botschaft, wer war voller Gewalt und wer konnte nicht einmal seine Stimme, geschweige seinen Arm, gegen erlittenes Unrecht erheben. Was wirkt in den Seelen der Menschen, die zu mir kommen? Demnach spreche ich zu jedem Menschen so, dass er sich von mir direkt angesprochen fühlt. Ich bin für die aktuellen Themen eines Menschen der Spiegel.

Deshalb sind beide Antworten richtig, deshalb heißt es auch: Tod oder Leben macht keinen Unterschied – das Bewusstsein allein erkennt diese Wahrheit.

MAHATMA GANDHI

JJK: Ich denke gerade an Gandhi, die gewaltlose Revolution in Indien. War Gandhi wirklich so gewaltlos?

BABAJI: Diese Seele tat, was sie tun gekommen war, auf diese Weise, wie es ihr möglich war.

Von Gewaltlosigkeit zu sprechen, ist grundfalsch. Die Gewalt, die von dieser Wesenheit ausging, war subtil und kam ohne Panzer aus. Ziele wurden durch „Erpressung", „Beharrlichkeit" und „Mut" erreicht.

JJK: War es das wert? Wenn ich denke, dass Indien heute noch extrem leidet und nach Gandhi zwar von den Briten befreit wurde, aber durch die Trennung des Staates seit Jahren mit Pakistan überworfen ist. Auch die Armut oder das Kastensystem gibt es immer noch. War es das wert?

BABAJI: Falsche Frage, Jahn. Richtig ist: War das den Menschen dieser Zeit angemessen? Und das war es über alle Maßen. Damals sahen die Menschen, dass es möglich ist, gegen einen übermächtigen Unterdrücker aufzustehen. Eine Erfahrung, die sich im kollektiven Energiefeld der Menschheit eingeschrieben hat und die jede kommende Revolution günstig beeinflusst.

Diese Wesenheit hat sich große Verdienste erworben, was die Lockerung des Bodens für eine reiche Ernte anbelangt.

Eigene unerlöste Themenfelder, seelische Ungleichgewichte oder tiefenpsychologische Verzerrungen aufzulösen, war nicht Teil des Lebens dieser Wesenheit, sondern es wollte Macht ausüben und den Dienst an den Menschen erfahren. Ein gelungenes Leben, bei dem individuelle Aspekte der Heilung vernachlässigt wurden.

JJK: Ich habe gehört, dass Gandhi sich zu jungen nackten Frauen legte, um sich zu prüfen, ob er seine sexuelle Erregung in Griff hatte - oder dass es in seinem Ashram verboten war, schwarzen Tee zu trinken. Wer dies missachtete, wurde indem bestraft, dass Gandhi selbst fastete. Somit hatte der Mensch ein schlechtes Gewissen. Es ist eine unglaubliche Art von Lebensverneinung, die ich hier wahrnehme - fast schon pathologisch.

BABAJI: Es sind Ausprägungen einer verwundeten Seele, die in ihrer Entwicklung stehen geblieben ist. Diese Verwundungen heilen, sobald sich dieses Wesen in einem weiteren Leben ganz den eigenen Themen und nicht der Rettung eines Volkes widmen wird können.

Damit beenden wir dieses Thema.

Hast du noch eine Frage?

JJK: Also sind Gewalttätigkeit und Gewaltlosigkeit zwei Seiten einer Medaille?

BABAJI: Bei wem eines von beiden überrepräsentiert ist, der ist aufgefordert, eine Balance zwischen diesen Polen herzustellen.

Denn ***genauso, wie es der Gewalt bedarf, um die Gewaltlosigkeit zu erreichen, braucht es die Gewaltlosigkeit, um gewalttätige Muster zu durchbrechen.***

Beides ist richtig, beides ist in einem Menschen angelegt und beides gilt es zu verinnerlichen, es zu leben - tapfer und mutig, weise und klug.

Ich bin BABAJI

Ich führe dich durch diese Welt von Träumen, bis dass du aufwachen kannst.

Wem die Reaktionen seiner
Umgebung etwas bedeuten,
der kann niemals eingehen
in das Reich Gottes – niemals.

BABAJI

KRAFT UND BEWUSSTSEIN DURCH POLARISIERUNG

GESPRÄCH MIT

BABAJI

DIE WIRKLICH HILFLOSEN
DAS PHÄNOMEN DIESER ZEIT
ANGST VOR ABSOLUTHEIT
„NETTE LICHTWESEN“

13. APRIL 2018

DIE WIRKLICH HILFLOSEN

„Je weiter sich ein Wesen, wie du es nennen würdest, polarisiert hat, umso leichter kann dieses Wesen die Polarität wechseln, denn umso mehr Kraft und Bewusstsein wird das Wesen haben. Diejenigen, die wirklich hilflos sind, sind jene, die nicht bewusst gewählt haben, sondern Muster wiederholen, ohne Wissen über die Wiederholung oder die Bedeutung des Musters [zu haben]". (Das Gesetz des Einen, Das Ra-Material, Reine Textausgabe, S. 132)

Eine Wahrheit, der wir uns jetzt widmen wollen.

Ich bin BABAJI

Wer mit ganzer Kraft und voll bewusst die dunkle Seite wählt, der kann eines Tages leichter in das Licht zurückkehren, als jene, die lau sind und weder wissen, was sie gewählt haben, noch wozu sie am Leben sind. Das ist gemeint, wenn es heißt: Die Lauen werden ausgespien.

DAS PHÄNOMEN DIESER ZEIT

Damit sind wir beim größten Phänomen dieser Zeit angekommen. Es ist die Tatsache, dass viele Menschen noch niemals einen Pol ganz gelebt haben.

Weder die dunkle noch die lichte Seite wurde jemals vollständig ausagiert und erfahren.

Es geschieht somit, dass sich viele Menschen am Lichtpfad glauben, jedoch nur das Muster des „Gut-sein-Müssens“ wiederholen. Viele Menschen haben keinen Mut, sich für das Dunkle zu entscheiden, und haben auch keinen Mut, das Licht zu wählen, da sie in beide Richtungen blockiert sind und nur auf das Umfeld, auf ihre Umgebung reagieren.

Ich sage euch:
Wem die Reaktionen seiner Umgebung etwas bedeuten, der kann niemals eingehen in das Reich Gottes – niemals.

So ist wahr, dass Gott ein einziger Bekehrter lieber ist als einhundert Selbstgerechte.

Es ist wahr, dass jene, die aus Überzeugung einen Weg gewählt haben, immer in der Lage sind, einen anderen Pfad einzuschlagen.

Wer sich aber niemals entschieden hat, wer in einem lichtvollen Umfeld seine lichtvollen Muster und in einem lichtarmen Umfeld seine lichtarmen Muster bedient, der hat es wahrlich schwer.

ANGST VOR ABSOLUTHEIT?

JJK: Wovor haben die Menschen Angst, wenn sie es nicht wagen, wirklich böse oder wirklich gut zu sein?

BABAJI: Vor der Absolutheit! Leben ohne Netz, davor haben die meisten Menschen große Ängste. Sich ganz fallen zu lassen, wohin auch immer, davor haben die Menschen große Ängste. Selbst zu entscheiden und diese Entscheidungen selbst zu verantworten, davor haben die meisten Menschen große Ängste.

Deshalb leben sie ein Stellvertreter-Leben. Sie bedienen die Erwartungen der Umgebung und sie passen sich an. Anstatt unangepasst zu sein und selbstbewusst aufzutreten, fügen sich die Menschen ein und verleugnen sich selbst.

JJK: Wie kann ein Mensch erkennen, ob er wirklich den Lichtpfad gewählt hat oder ob er nur Muster bedient, da ihm der Mut fehlt, anders zu entscheiden?

BABAJI: Wer das Licht gewählt hat, weiß es, wer die Finsternis gewählt hat, weiß es. Wer weder das eine noch das andere gewählt hat, weiß nichts.

JJK: Jetzt stellt sich die Situation für mich so dar, dass viele Menschen glauben, am Lichtpfad zu sein, tatsächlich aber keine Bereitschaft zeigen, alte Muster oder Blockaden aufzugeben. In vielen, so nehme ich es wahr, schlummert „das Böse", die Dämonen im Inneren, und die Menschen wollen einfach nicht dahin blicken. Manchmal, wenn die Not groß ist, heißt, wenn der Transformationsdruck steigt, eilen die Menschen um Hilfe, sobald das Schlimmste vorbei ist, kehren sie wieder in den gewohnten Trott zurück.

Die Frage ist: Warum erkennen so wenige Menschen das Wesen der Transformation, der Verwandlung, die täglich in vielen kleinen Schritten unabhängig von Lebensdramen geschehen kann? Warum brauchen so viele Menschen immer noch Schmerzen oder Dramen, um umzukehren?

BABAJI: Auch hier wirken sich alte Muster aus. Ein Mensch, der glaubt gesund zu sein, wird niemals einen Arzt aufsuchen. Wozu auch, es ist alles in Ordnung. Erst wenn eine Krankheit ausbricht, eilt er dahin. Für den spirituellen Transformationsprozess ist dies eine mangelhafte Haltung und dies kann zu keinen Ergebnissen führen.

Es ist dergestalt, dass nur Menschen, die von einer tiefen Gottessehnsucht erfasst werden, auf die Transformationsmöglichkeiten dieser Zeit akkurat antworten können.

Das ist der springende Punkt und das erklärt, warum so viele Menschen vorgeben, Lichtarbeiter zu sein, in Wahrheit jedoch nur einem Trend folgen und dabei die entsprechenden Muster bedienen.

„NETTE LICHTWESEN"

JJK: Was ich auch sehe, ist, dass viele Menschen, die nach außen hin sehr „nett", „lieb" oder sogar „lichtvoll" auftreten, im Inneren wahre Mördergruben beherbergen. Ich sehe das manchmal am Blick und dann, wenn Menschen mit unvorhersehbaren Situationen, die sie an den Rand ihrer Kräfte bringen, konfrontiert sind. Was die Menschen im Inneren wirklich antreibt und was sich an unerlösten Themen in Inneren verbirgt, das scheint mir bei den meisten Menschen so viel zu sein, sodass es niemals in einem einzigen Leben erlöst werden kann?!

BABAJI: Du greifst vor, Jahn! Alles kann in einem einzigen Augenblick von Erleuchtung erlöst werden. Doch kaum jemand hat diese Qualität. Das ist der Grund, warum einzelne Menschen so oft auf dieser Ebene inkarnieren.

Eine alte Seele ist nicht die, die tausende Male auf der Erde weilte, sondern die, die in ihren wenigen Inkarnationen ihr Bewusstsein weitete.

Jeder Mensch gehorcht hier seinem eigenen spirituellen Plan.

JJK: Gibt es Menschen, die „hilflos“ sind?

BABAJI: Ja. Das sind alle Menschen, die sich auf Gott nicht vollkommen einlassen können, da die Muster dieser Matrix große Verzerrungen in der Wahrnehmung verursachen. Die Sehnsucht nach Gott kann nicht erblühen, aber auch die Entscheidung, einen Pol ganz zu leben, bleibt aus. Dies endet dann, wenn die Menschen ein Leben in diesen Mustern irgendwann nicht mehr ertragen können – und es endet aufgrund von göttlicher Gnade, die heute unerschöpflich zu den Menschen fließt.

JJK: Von dieser „Hilflosigkeit“ sind ja fast alle Menschen betroffen ...

BABAJI: Fast alle Menschen – ja!

Ich bleibe bei euch, um einen nach dem anderen zu erwecken, bis ALLE erwacht sind.

Ich bin BABAJI

Transformation ohne Opfer und
Verzicht, ohne Bemühungen und
Durchhaltevermögen,
ohne Glauben und Vertrauen –
gibt es nicht!

SAI BABA

WO RENNST DU HIN?

GESPRÄCH MIT

SAI BABA

DAS MACHT-THEMA
OPFERBEREITSCHAFT UND VERZICHT
JEDER SCHRITT IST ZU VIEL …
WAS MACHST DU MIT DEINEN „TALENTEN“?
HELFEN WORTE?

22. APRIL 2018

JJK: Ich schlage heute in der Früh – nach dem Zufallsprinzip – diese Seite auf:

„Wo rennst du hin?
Wie – dahin, wo alle die Selbstverwirklichung suchen?
Hast du bereits gefragt, was sie kosten soll?
Du nennst einen Geldbetrag – dann kann es nicht die Selbstverwirklichung sein, die ICH meine.
Meine Selbstverwirklichung kann man nicht im Laden kaufen. Meine Selbstverwirklichung erfordert Opfer und Verzicht, Bemühung und Durchhaltevermögen, Glauben und Vertrauen. Bei mir zahlt das Selbst keinen Preis, nur das Ego muss sich einschränken. Bei der gängigen Selbstverwirklichung, der „modischen", streicht das Ego einen hohen Gewinn ein, während das Selbst leer ausgeht.
Ja, wo rennst du hin? Zum Ego oder zum Selbst?"
(Sai Baba spricht zum Westen, S. 370, Govinda Sai Verlag)

Der Inhalt passt exakt zu dem Gespräch, das ich gestern mit lieben Freunden zum Thema Kinder, Entwicklung und dem Ego hatte.

DAS MACHT-THEMA

Es scheint mir die Krankheit der „Eso-Bewegung" zu sein, dass die meisten Menschen den „modischen Angeboten" vieler „Heiler" aufsitzen – mit den Folgen, dass die Macht- und Ego-Themen unerlöst bleiben und das Selbst leer ausgeht. Mir fällt auf, dass der größte Widerstand im Menschen der ist, Macht abzugeben, gleich wie gering diese auch sein mag. Mütter oder Väter geben die Macht über ihre Kinder nicht ab, Firmenchefs wollen über ihre Angestellten, Hausbesitzer über ihre Mieter, Lehrer über die Kinder, Priester über ihre Gläubigen, Gurus über ihre Anhänger – Macht ausüben!

Das Macht-Thema ist wohl die größte Herausforderung im Transformationsprozess und kaum jemand hat die Bereitschaft, diesem auf den Grund zu gehen.

Was Teil jeder Selbstverwirklichung ist, wird nicht mehr in Erwägung gezogen: *„Opfer und Verzicht, Bemühung und Durchhaltevermögen, Glauben und Vertrauen."* Viele steigen aus, ehe sie eingestiegen sind …

Wie ist dieser Situation beizukommen und was hat das für Auswirkungen auf den weiteren Transformationsprozess der Erde?

SAI BABA: Geliebte Menschen, ich bin mitten unter euch!

Transformation ohne Opfer und Verzicht, ohne Bemühungen und Durchhaltevermögen, ohne Glauben und Vertrauen – gibt es nicht!

Die Irrtümer, die sich auf diesem Gebiet verbreiten, führen am Ende zu großen Enttäuschungen. Ernüchterung tritt ein, so, wie wenn Betrunkene aus ihrem Dämmerschlaf aufwachen.

Der Dreh- und Angelpunkt der menschlichen Transformation ist das Ego. Das Ego einschränken? Wer möchte das schon – oder es auflösen, sodass es ins Selbst integriert werden kann. Kennst du jemanden?

JJK: Es gibt sie, die Menschen, bei denen ich das vermute, aber nicht einmal für mich selbst könnte ich da die Hand ins Feuer legen.

SAI BABA: Wo rennst du hin, geliebter Mensch? Das ist die Frage aller Fragen. Sind dir Umwege lieber als fundierte Erkenntnisarbeit?

OPFERBEREITSCHAFT UND VERZICHT

JJK: Warum haben Eigenschaften wie Opferbereitschaft oder Verzicht heute einen so geringen Stellenwert?

SAI BABA: Da sich bei diesen Begriffen bei vielen Menschen negative innere Bilder hochladen. Wer jemals zur Opferbereitschaft oder zum Verzicht genötigt wurde, der hat es heute schwer, damit umzugehen –

und die meisten Missbräuche geschahen und geschehen auf diesem Themenfeld in religiösen Gemeinschaften. Heilungen auf dieser Ebene sind heute eine dringende Angelegenheit und betreffen viele Menschen.

Genauso sind auch Begriffe wie „Bemühungen oder Durchhaltevermögen“ nicht mehr modern. Falsche innere Bilder, Meinungen und Vorstellungen, wie etwas zu erlangen sei, überlagern das Wesentliche.

Alles sei leicht zu erwerben, wird den Menschen seit Jahren auf allen Ebenen suggeriert. Heute ist es leicht, sich ohne Geld viel zu kaufen – Kredite ermöglichen manches, was ehemals unmöglich war. Die Menschen verlieren somit die Beziehung zum Fleiß und die Liebe zur Arbeit.

Vor allem junge Menschen werden dadurch verwirrt und sie verlieren den Boden unter den Füßen. Wer den Wert eigener Hände Arbeit nicht kennt oder wem sich der Segen eigener spiritueller oder geistiger Arbeit niemals offenbart, der ist wahrlich als arm zu bezeichnen.

Entwicklung ereignet sich, indem ein Mensch ein Ziel niemals aus den Augen verliert und alle Kraft dafür aufwendet, es zu erreichen.

Dies gilt für alle Ebenen des menschlichen Lebens. Menschen lieben Herausforderungen und wer niemals die Chance hat, eine Herausforderung zu bestehen, der verweichlicht und kann im Leben nichts erreichen. Diesen Menschentypus bringt dieses System hervor, da dieser Mensch leicht zu manipulieren ist.

Wer keine Kraft hat, seine eigenen inneren Wünsche zu leben, der hat auch keine Energie, sich dem System zu entziehen.

JEDER SCHRITT IST ZU VIEL …

JJK: Ich habe auf der größten Einkaufsstraße in Wien einen jungen Mann beobachtet, wie er sich darüber beschwerte, dass der nächste Bankomat 50 Meter weit entfernt ist und er dahin gehen muss. Die Strapazen waren ihm zu viel und die paar Meter waren zu weit. Mir blieb der Mund offen …

Jeder Schritt ist also zu viel – konsumieren mit geringstem Aufwand.

SAI BABA: Ein Sittenbild, das sich bei bestimmten Menschen etabliert – und so ist festzuhalten: Bestimmte Menschen bleiben von bestimmten Entwicklungen ausgeschlossen!

JJK: Wo endet das, wohin führt das die Gesellschaft?

SAI BABA: Die Wirklichkeit, die sich diese Menschen erschaffen, ist eine völlig andere, als die, die sich ein fleißiger, mutiger und tatkräftiger Mensch erschafft. Hier trennt sich die Spreu vom Weizen. Der Umbau der Erde ist bis zuletzt von diesen großen Unterschieden geprägt.

Grundsätzlich liegt dieser Trägheit der Unwille, leben und sich selbst erkennen zu wollen, zugrunde - und dies wiederum ist das Ergebnis mangelnder Selbstliebe.

JJK: Ja, den Eindruck habe ich auch oft, den meisten fehlt der Zug aufs Tor... und sie gehen achtlos mit sich selbst um...

Inwiefern spielt hier die Mentalität eines Menschen eine Rolle?

WAS MACHST DU MIT DEINEN „TALENTEN"?

SAI BABA: Die Frage ist, ob ein Mensch auf allen Ebenen untätig ist oder ob er spezielle Talente fördert und andere unbeachtet lässt. Wer auf ganzer Linie die Faulheit kultiviert hat, der wird auf ganzer Linie scheitern. Diesen Menschen werden neue Inkarnationen gegeben, damit sie in die Spur des Lebens finden können. Wer das in Betracht zieht, was ihn wirklich interessiert, der handelt richtig, solange er dafür bereit ist, einen Einsatz zu bringen, sich hinzugeben für etwas – ganz bei der Sache zu sein, die einen ausfüllt.

Menschen, die zur ersten Gruppe gehören und auf allen Linien die Faulheit kultivieren, stecken in einem Dilemma, das sich täglich vergrößert. Denn das Leben antwortet einem Menschen – und wer immer untätig ist, wer lieblos mit sich selbst umgeht und seine Talente vergeudet, dem antwortet das Leben mit Lieblosigkeit. Auf diese Dramen haben diese Menschen keine Antwort, da ihnen die Werkzeuge des Fleißes und der Selbstachtung fehlen.

Das heißt, schwierige Lebensumstände – die ab einem bestimmten Punkt bei jedem Menschen, der sich seinen Themen verweigert, eintreten – können nicht gemeistert werden. Diesem Dilemma ist nur durch einen radikalen Schwenk in der Lebenseinstellung zu entkommen.
Das ist immer möglich, jedoch nur bei den wenigsten Menschen, die diesen destruktiven Weg einmal eingeschlagen haben, wahrscheinlich.

HELFEN WORTE?

JJK: Was, wenn man geliebte Menschen hat, die diesen Weg der Untätigkeit gehen, die ihr Ego nicht zähmen und ihre Macht nicht abgeben wollen?

Kann diesen Menschen geholfen werden – durch ein klares Wort zum Beispiel?

SAI BABA: Worte helfen dort, wo sie erwartet werden. Menschen, die bereit sind, ihr Leben zu ändern, haben für klare Worte ein offenes Ohr, vor allem aber ein offenes Herz. Dort fällt das richtige Wort auf fruchtbaren Boden. Bei einem verschlossenen Herzen verfehlen Worte immer ihre Wirkung und erreichen niemals das Ziel.

Jeder Mensch webt selbst an seinem Schicksal – und zum Schicksal wird, was ein Mensch denkt, spricht und tut.

In letzter Konsequenz ist jeder Mensch Meister seines Lebens und somit Grund und Ursache seines eigenen Schicksals. Ist es der kreative oder destruktive Weg? Das Leben antwortet immer.

Ihr könnt niemandem das Leben abnehmen oder sein Leben für ihn leben! Jeder lebt sein Leben und erntet das, was er selbst ausgesät hat.

Was eure Kinder betrifft, so begleitet sie bis an die Türschwelle und lasst sie gehen, damit sie von sich aus zu suchen beginnen und von sich aus finden können.

Niemandem könnt ihr abnehmen, was er selbst tragen muss, aber jedem könnt ihr Hilfestellungen anbieten, gleich wie er darauf reagiert.

Wir beenden dieses Gespräch an dieser Stelle.

Ich segne dich, der du diesen Worten folgst.
Ich bin bei dir, der du weißt, dass Glaube und Vertrauen die besten Begleiter sind durch diese Zeit.

Schwinge dich auf zu Gott – ich bin bei dir.

SAI BABA

Für die meisten „Revolutionäre“ ist die Revolution ein Übungsfeld für ihre eigene Persönlichkeitsentwicklung. Nur in den seltensten Fällen betreten Erleuchtete ein Schlachtfeld dieser Matrix.

ERZENGEL MICHAEL

VOM RICHTIGEN KÄMPFEN

GESPRÄCH MIT

ERZENGEL MICHAEL

DER FRIEDVOLLE KRIEGER

23. APRIL 2018

DER FRIEDVOLLE KRIEGER

JJK: Wie richtig kämpfen? Wie können wir einen uns aufgezwungenen Kampf aufnehmen und dabei in einer hohen Licht- und Friedensschwingung bleiben?

ERZENGEL MICHAEL: Kämpfen, indem ihr euren Standpunkt offen vertretet, dafür einsteht und ohne Scheu darlegt. Ohne den leisesten Anflug von Besserwisserei, Rechthaberei und fern von missionarischem Eifer finden die aussichtsreichen „Kämpfe" statt.

Dieser „Kampf" ist gemeint, so die geistigen Ebenen des Lichts vom „Kämpfen" sprechen. Es sind die sanften und entschlossenen, die mitfühlenden und mutigen Helden, derer es jetzt auf dieser Welt bedarf. Wer sein Licht auf der Anhöhe zum Leuchten bringt, der geht diesen Pfad, an dessen Ende ein wahrhaftiger Neubeginn der Menschheit stehen kann.

JJK: Was aber hat es mit jenen Kämpfern auf sich, die sich heute mutig in die Schlacht werfen und diesem böswilligen System offen die Stirn bieten?

ERZENGEL MICHAEL: Die meisten dieser Kämpfer sind von ehrenden Absichten geleitet und sie wollen die Welt „verbessern". Jedoch nur die Wenigsten wissen, gegen wen sie wirklich kämpfen.

Wer aber seinen „Feind“ nicht kennt, der hat niemals Aussicht auf Erfolg.

Zusätzlich leitet die meisten „Kämpfer“, gleich auf welchem Gebiet, ein starkes Ego als Triebkraft an. Das bedeutet, wenn diese Kämpfer Siege erringen, dann geschieht Folgendes:

1) Ihr Ego identifiziert sich damit und in der Folge
2) werden sie selbst zu dem, was sie anfänglich bekämpften.

Die meisten erfolgreichen „Kämpfer“ werden an einem bestimmten Punkt Teil des Systems. Zumeist werden sie von der Macht, die ihnen plötzlich zufällt, geblendet und es zeigen sich die unerlösten Ego-Themen.

Für die meisten „Revolutionäre“ ist die Revolution ein Übungsfeld für ihre eigene Persönlichkeitsentwicklung. Nur in den seltensten Fällen betreten Erleuchtete ein Schlachtfeld dieser Matrix.

Deshalb trifft die Beobachtung, dass die meisten Revolutionäre von der Revolution am Ende verschlungen werden, zu.

Worum es für einen wachen Lichtkrieger geht, ist: Zeigt Flagge, und macht euch sichtbar.

Vermeidet jedoch alles, was eure hohe Schwingung senkt.

Trainiert es, eure hohe Schwingung zu halten, und unterliegt niemals der Versuchung, euch auf die energetische Ebene der archontischen Naturen* ziehen zu lassen.

Weicht diesen Kämpfen so gut und so lange als möglich aus. Lasst euch jedoch auf Auseinandersetzungen auf der höheren Ebene bereitwillig ein.

Auf der höheren Ebene des Kampfes befindet ihr euch dann, wenn ihr ohne Hass bleibt und wenn sich euer Ego niemals bedroht fühlt.

Der friedvolle Krieger ist somit beschrieben. Ein jeder Mensch weiß genau, wie weit er für diese Art des Kampfes bereit ist oder was ihm dafür noch fehlt.

Ich liebe euch unendlich

ERZENGEL MICHAEL

* Die Archonten: Etwa 20 % der Nag Hammadi Texte berichten über die Spezies der Archonten. Sie werden als eine nicht-physische Spezies beschrieben, die aber kurzzeitig physische Form annehmen kann. In einem der Nag Hammadi Texte (Apokryphon des Johannes) werden Entführungen

von Menschen durch kleine Wesen beschrieben. Die Ähnlichkeiten zu den „Grauen", wie sie in vielen Science-Fiction-Filmen dargestellt oder wie sie von Menschen beschrieben werden, die eine „Entführung durch Außerirdische" erlebt haben, ist beeindruckend. Wenn man berücksichtigt, dass diese Texte fast 2000 Jahre alt sind, dann scheint nahezuliegen, dass es einen engen Bezug zwischen den Archonten und der Menschheit gibt.

Die Archonten werden als geistige Eindringlinge beschrieben. Sie sind nicht in der Lage, längere Zeit in unserer materiellen Welt zu überleben, ähnlich wie Menschen nur kurze Zeit unter Wasser überleben können, ohne Luft zu holen. Ihr bevorzugter Zugang zu unserer Realität ist durch den menschlichen Verstand. Gnostische Texte warnen vor den Archonten und ihren Versuchen, die menschliche Evolution von ihrem Kurs abzubringen. Hierzu haben sie vor allem zwei Methoden:

1. Fehler: Menschen machen Fehler, aber Menschen sind nicht gut darin, aus Fehlern zu lernen. Die Archonten sind Experten darin, den Unwillen der Menschheit, aus ihren Fehlern zu lernen, auszunutzen.

2. Simulation: Die Archonten sind Experten für virtuelle Realitäten und holografische Projektion: Sie können holografische Bilder von jedem existierenden Lebewesen erzeugen, aber diesen Hologrammen fehlt die Vitalität des Originals, es wirkt künstlich.

https://www.matrixwissen.de/index.php?option=com_content&view=article&id=237:gnosticism-and-the-archons&catid=141:gnostik&lang=de&Itemid=121

Auch der irdische Kampf
entscheidet sich auf spiritueller
Ebene und nicht auf den
Kriegsschauplätzen dieser Erde.

SANANDA

ICH, 3 NONNEN UND DIE QUEEN

GESPRÄCH MIT

SANANDA

MEIN TRAUM
DIE SPIRITUELLE DIMENSION
DES BÖSEN ERKENNEN
STUDIERT DAS UNBEKANNTE
STUDIERT EUCH SELBST
VON DER WEISHEIT ZUR LIEBE

26. APRIL 2018

MEIN TRAUM

Ich bin als Student in London. Meine Unterkunft befindet sich neben einem großen Schloss. Kaum angekommen, öffnen sich die Türen des Schlosses und die Queen kommt heraus und spaziert im Abstand von einem Meter an mir vorbei. Dabei lächelt sie mich an. Daraufhin rufen drei Nonnen aufgeregt, dass die Queen nur in einer Kirche Gestalt wandeln kann und die Nonnen haben nichts eiliger, als in die an das Schloss angrenzende Kirche zu laufen, um nichts zu versäumen. Dann befinde ich mich wieder in Wien und mir begegnen zwei Menschen, die ich auch in der Umgebung der Queen wahrnahm, ein Mann und eine Frau mit verstümmelten und teilweise abgetrennten rechten Händen und rechten Füßen.
(TRAUM ENDE)

Ein Traumbild, das in dreierlei Hinsicht von Bedeutung ist:

DIE SPIRITUELLE DIMENSION DES BÖSEN ERKENNEN

1) ***„Als Student in London“*** weist darauf hin, dass du im Zentrum der Finsternis das Bösartige „studierst“: studieren, beobachten, verstehen und schließlich Wissen zu erlangen. Im Gegensatz zu den Nonnen hast du jedoch keinerlei Ambitionen, an einer schwarzen

Messe – bei der sich Menschen, in das, was sie wirklich sind, verwandeln – teilzunehmen.

2) ***„Die Nonnen und die Kirche“*** deuten darauf hin, wessen Geist diesen Kirchen innewohnt, und der Traum zeigt, dass die Menschen ganz unter diesem Einfluss stehen. Die Eile der Nonnen, um das schwarzmagische Hochamt nicht zu versäumen, zeigt dies. Es ist ein deutlicher Hinweis auf die satanische Kraft, die davon ausgeht – und dass es 3 Nonnen sind, weist auf den Missbrauch der „Dreieinigkeit Gottes“ hin.

3) ***„Die zwei Menschen, die in Wien an den rechten Extremitäten verwundet sind oder denen sie teilweise ganz fehlen“*** verdeutlichen, dass wer diesen bösartigen Energien zu nahe kommt und mit dieser Situation nicht umgehen kann, der wird grobe Verletzungen davontragen. Die rechte Körperhälfte ist mit der linken Gehirnhälfte verbunden, was bedeutet:

Wer allein mit seinem Denken – mit Logik – das satanische Prinzip erfassen möchte und dabei die spirituelle Dimension dieser Vorgänge übersieht, wird Schaden erleiden. Warum? Da nur ein spiritueller Zugang das Ganze offenbart und da nur dadurch ein Schutz gegeben ist.

Das heißt zusammenfassend:

Wer das Böse bekämpfen will, der achte darauf, mit welchen Mitteln und Methoden er dies tut, und der achte darauf, über die richtigen „Waffen" zu verfügen.

Geliebte Menschen,

Schreitet in eurer Erkenntnisarbeit so weit voran, bis ihr die notwendigen Einweihungen für eure Aufträge erhalten habt.

Nehmt niemals einen Kampf mit jemandem auf, dessen Kraft ihr nicht richtig einschätzen könnt oder dessen Waffen euch unbekannt sind!

Die Auseinandersetzung mit den dunklen Meistern des kalten Lichts erfordert von euch nicht nur den Willen oder die Absicht, sondern die nötige Kenntnis, um daraus siegreich hervorzugehen.

STUDIERT DAS UNBEKANNTE

Dieses Traumbild zeigt, dass es gut ist, die Dinge so lange zu studieren, bis man sie kennt und durchschaut hat – bis Wissen erlangt wurde.

Während der Zeit der Schulung ist es wichtig, sich in sicherer Entfernung zu diesen Wesenheiten aufzuhalten und nicht, wie die zwei Menschen im Traum, die Nähe zum Verderben zu suchen, um selbst ins Verderben zu geraten.

Viele Kämpfe gehen für Menschen, die guten Willens sind, allein deshalb verloren, da sie nicht ausreichend darauf vorbereitet sind. Die beste Vorbereitung ist die konsequente Erkenntnisarbeit.

Bitte führt diesen Weg so lange fort, bis ihr von allen Zweifeln befreit seid und fest in euch steht. Setzt keine Ersatzhandlungen, sondern seid bestrebt, eure Aufträge zu erkennen.

STUDIERT EUCH SELBST

Erfüllt, wozu ihr geboren wurdet, und erfüllt es dann, wenn ihr euch ganz sicher seid, worum es dabei geht. Studiert euch selbst, das ist die beste Vorbereitung auf eine solche Begegnung, wie hier im Traum geschildert.

Führt niemals einen eindimensionalen Kampf, sondern verlagert eure Aufmerksamkeit auf die spirituelle Ebene. Versucht die Energie hinter dem Sichtbaren wahrzunehmen und lasst euch vom Schein nicht täuschen.

Diese Kenntnis und Selbstsicherheit zu erlangen, ist ein Prozess, der von niemandem übersprungen werden kann.

Hier geht es darum, Energie zu verstehen und darauf entsprechend reagieren zu können.

Das kannst du, wenn du dafür vorbereitet wurdest und wenn es Teil deiner Aufträge ist. Nur wenige Menschen sind für solche Kämpfe geboren worden und nur Wenige haben das Rüstzeug dafür, diese Auseinandersetzungen unbeschadet zu überstehen.

JJK: Das könnte jetzt aber viele Menschen, die sich gegen das Böse stellen wollen, entmutigen.

SANANDA: Ganz im Gegenteil. Dies wird jeden Menschen dazu ermutigen, zuerst in sich selbst zu leuchten und erst dann mit seinem Lichte nach außen zu gehen.

JJK: Das heißt, solange ein Mensch für eine Auseinandersetzung nicht wirklich bereit ist, soll er diese auch nicht suchen?

SANANDA: Ja. Denn die wirklichen Kämpfe und Auseinandersetzungen finden in der fein-geistigen Welt statt.

Auch der irdische Kampf entscheidet sich auf spiritueller Ebene und nicht auf den Kriegsschauplätzen dieser Erde.

Deshalb ist es notwendig, dass ihr euer geistiges Potenzial anhebt, bis ihr Wissende, Erleuchtete und wahre Meister seid. Dann ist euch der Sieg über das Niedere gewiss und ohne je mit ihm gekämpft zu haben, muss Satan von euch weichen.

JJK: Ich verstehe das so, dass wir auf Hass mit Liebe antworten müssen – und das geht nur, wenn wir uns dauerhaft auf einer höheren Schwingungsfrequenz befinden.

VON DER WEISHEIT ZUR LIEBE

SANANDA: Die erste Antwort auf Hass ist Weisheit! Weisheit versetzt dich in die Lage, die Situation zu überblicken, anstatt von ihr eingenommen zu werden. Der Fürst der Finsternis möchte euch in seinen Kampf ziehen und er legt euch seine Waffen nahe.

Hass, Eifersucht, Habgier, Neid, Wut, Unbeherrschtheit, Kaltherzigkeit – diese Attribute sollt ihr unter allen Umständen meiden. Was nur gelingen kann, wenn ihr euch bewusst seid, welche Energien hier im Spiel sind und wie sie euch verwirren sollen. Weisheit kommt vor der Liebe, denn die Liebe kann erst von diesem souveränen Standpunkt aus fließen.

Ihr müsst euch aus dem Geltungsbereich von destruktiven Energien hinausbewegen und davon abkoppeln. Dies ist nur durch beharrliche Bewusstseinsarbeit möglich. Indem du Tag für Tag deine eigenen Schatten studierst und auflöst, wirst du vorbereitet auf deine Aufträge.

JJK: Ein voreiliger Kampf oder eine übereilte Revolution sind also wenig zielführend.

SANANDA: Mehr noch, eine Revolution, die von Menschen ohne spirituellen Kompass betrieben wird, endet immer in einer neuen Sklaverei und bringt niemandem die ersehnte Freiheit.

Es geht darum, sich für das Göttliche zu öffnen und das Licht Gottes in sein Leben zu bringen. Dann werdet ihr von den niederen Beweggründen gereinigt und ihr entzieht euch dem Dämon, der diese Welt unter seiner Einflusssphäre hielt und bis zuletzt zu halten gedenkt.

JJK: Meditation und Transformation sind die Wege?

SANANDA: Eine meditative Grundhaltung ist die Voraussetzung für die Transformation.

Ob mitten in der Welt oder ob abseits von ihr, ein ruhiger Geist ist die Basis für eine klare Wahrnehmung. Diese ist für die Transformation unverzichtbar.

Mit dieser Botschaft segne ich dich.

Sei bereit für den Weg der Erkenntnis und vollende dich.

SANANDA

Einem Menschen ist vorbehalten,
was anderen unmöglich ist,
denn nur der Mensch kann ganz
vergessen und sich ganz erinnern.

BABAJI

DER BESONDERE STATUS DES MENSCHEN

GESPRÄCH MIT

BABAJI

UMWEGE GEHEN
FINDEN ALLE MENSCHEN ZURÜCK INS LICHT?

03. MAI 2018

UMWEGE GEHEN

„Jedes Individuum verfügt über den freien Willen und kann jederzeit wieder zurück auf einen konstruktiven, lichtvollen Weg finden. Manchmal sind dabei einfach ein paar Umwege zu gehen." Bernadette von Dreien (Christina, Zwillinge als Licht geboren, S. 106, Band 1)

JJK: „Einfach ein paar Umwege ...", ich habe den Eindruck, dass derzeit sehr viele Menschen Umwege gehen und dass diese nicht unbedingt „einfach" sind?

BABAJI: Viele, sehr viele Menschen verlieren sich in der Zeit und nur Wenige erreichen das Tor, das aus diesem Labyrinth hinausführt. Bei allen Bestrebungen, den Aufstieg der Erde und einzelner Menschen betreffend, geht es immer um die Qualität. Niemals ist die Quantität von Menschen entscheidend für einen großen, lichtvollen Prozess, sondern es sind die Wenigen, Einzelne, die das Rad der Zeit anhalten, während es sich für die meisten Menschen weiterdreht.

Umwege gibt es so viele, wie es Menschen gibt, die diese Umwege beschreiten.

Daher kann weder von „Einfachheit" noch von „Schwierigkeiten" gesprochen werden, denn es ist, wie es ist – von Fall und Mensch zu Mensch verschieden.

FINDEN ALLE MENSCHEN ZURÜCK INS LICHT?

JJK: Finden irgendwann einmal alle Menschen zurück auf den „konstruktiven Weg“?

BABAJI: Alle Menschen, ja. Aber nicht alle Wesenheiten. Es gibt Entitäten, die, nachdem sie ihre destruktive Mission erfüllt haben, in den Ursprung zurück geatmet werden. Das heißt, sie kehren in die Einheit zurück und werden als neue Energieform wiedergeboren. Es gibt sie, die Wesenheiten, die dafür verantwortlich sind, auf nieder schwingenden Ebenen dafür zu sorgen, dass Menschen und andere Wesenheiten ihre Erfahrungen mit diesen Umständen und Lebensbedingungen machen können.

Es sind große Verabredungen, die hier eingehalten werden, und ein jeder erfüllt seine ihm angemessene Rolle. Verurteilt daher niemanden voreilig, denn weder kennt ihr seine Herkunft noch seine Aufträge.

JJK: Warum finden alle Menschen in das Licht zurück?

BABAJI: Das Menschengeschlecht hat in der Schöpfung einen besonderen Status inne. Dieser ist darin beschrieben, dass es den Menschen zufällt, von der untersten Treppe der Evolution bis zur höchsten Stufe aufzusteigen. Menschen haben die Wahl getroffen, dem göttlichen Plan auf diese Weise zu dienen.

Daher genießen sie eine besondere Aufmerksamkeit von den Reichen des Lichts und sie haben einen herausragenden Status in der Schöpfung. Wesenheiten, die als Mensch inkarniert waren, erkennt jedes Geschöpf Gottes in allen Universen.

JJK: Warum fühlen sich dann gerade Menschen oft so bedeutungslos, so klein und so ohnmächtig? Warum werden vor allem Menschen von so vielen Zweifeln und Minderwertigkeit heimgesucht?

BABAJI: Das ist der Prozess des Wachsens und Erwachens. Diese Irrtümer müssen erlöst werden, um die hier beschriebene Bewusstseinsebene zu erreichen.

Vom Minderwert in den Selbstwert und aus dem Schlaf zu erwachen – das ist der Vorgang, der die Erde und die Menschheit zu einem zentralen Punkt in der Schöpfung macht. Ihr wart erleuchtet, doch ihr habt alles vergessen.

Das ist der Prozess, um den es auf der Erde geht – sich zu erinnern – zu erinnern an alles, was du bist.

Am Ende steht das Licht, es leuchtet dir den Weg, damit du sicher an den Ort, von dem du einst auf die Erde entsandt wurdest, zurückkehren kannst.

Wir erwarten dich, der du diese Welt gemeistert hast.

Einem Menschen ist vorbehalten, was anderen unmöglich ist, denn nur der Mensch kann ganz vergessen und sich ganz erinnern.

Ich bin BABAJI

Die Tauben werden hören und
die Blinden werden sehen, dann,
wenn sie selbst dafür bereit sind.
Akzeptiert dies, ohne euer Licht
zu verbergen. Das ist der Weg.

MEISTER ST. GERMAIN

REDEN HILFT GAR NICHTS

GESPRÄCH MIT

MEISTER ST. GERMAIN

MENSCHEN HÖREN NICHT ZU!
VON PROPHETEN UND NICHTS IST VERGEBLICH
AKZEPTIERT, AUCH WENN ES EURE KINDER SIND
WENN EIN HEILIGER VIBRIERT

01. JUNI 2018

MENSCHEN HÖREN NICHT ZU!

JJK: Erst vorgestern sprachen meine Frau und ich darüber, dass REDEN gar nichts nützt, wenn ein Mensch nicht bereit ist zu erkennen. Die Menschen hören das Gesagte nicht einmal, wenn sie dafür nicht offen sind. Wir beide erleben das in unserem Umfeld immer wieder.

Heute lese ich, indem ich per Zufallsprinzip im Buch „Der Weg durchs Feuer“ (Tagebuch einer spirituellen Schulung durch einen Sufi-Meister) von Irina Tweedie die Seite 760 aufschlage.

Guruji sagt Folgendes: *„Die Leute hören einem nicht zu, geschweige denn, dass sie etwas annehmen. Sie hören nicht zu und nehmen nichts an. Bevor nicht der Zeitpunkt gekommen ist, akzeptiert niemand etwas. Aber wenn die Zeit da ist, bedarf es nur noch eines kleinen Winks und der Mensch akzeptiert…“*

Für mich stellt sich nun die Frage: Welchen Sinn macht es dann überhaupt, etwas zu sagen, Botschaften niederzuschreiben und weiterzugeben oder sich für eine gerechtere Welt einzusetzen, wenn die Menschen weder sehen noch hören wollen? Das Gras wächst von alleine… Ist es nicht besser, einfach abzuwarten und nichts zu tun? Ist alles getan, wenn man sein eigenes Leben in Ordnung hält?

MEISTER ST. GERMAIN: Ich bin bei euch, ich bin bei den Menschen – allezeit.

Solange die Zeit für eine Entwicklung nicht reif ist, kann und wird sich nichts ereignen – weder im individuellen noch im globalen Zusammenhang.

Dennoch hat jede Arbeit, die der Aufklärung und Bewusstwerdung der Menschen dient, einen tiefen Sinn. Denn je mehr Menschen das tun, umso mehr Energie wird für jene Menschen, die noch schlafen, zum Aufwachen bereitgestellt.

Das, was du erlebst und was in diesem Auszug aus dem Buch beschrieben ist, ist eine Tatsache. Genauso wahr ist aber auch, dass allein durch die momentane Lichtflutung der Erde die Menschen immer rascher „akzeptieren" können ...

JJK: Es ist also keine vergebliche Mühe, so jemand glaubt, den Steinen zu predigen?

VON PROPHETEN UND NICHTS IST VERGEBLICH!

MEISTER ST. GERMAIN: Nein! Nichts ist je vergeblich. Alles bleibt im Energiefeld der Erde bestehen und ist relevant.

Die Frage ist nur, wann die Menschen für eine spezifische Erkenntnis bereit sind und sich dafür öffnen.

Propheten kamen deshalb immer wieder zur Erde, um für die Menschen den Boden der Erkenntnis aufzubereiten. Auch wenn sie zeitlebens selten richtig verstanden wurden, so konnten spätere Generationen nach und nach das Mysterium ihrer Botschaften und ihrer Leben entschlüsseln, dann, wenn die Zeit dafür gekommen war.

JJK: Das heißt, Propheten sind und waren ihrer Zeit immer voraus.

MEISTER ST. GERMAIN: Ja, denn erst das macht einen Propheten aus.

AKZEPTIERT, AUCH WENN ES EURE KINDER SIND

JJK: Wie ist es möglich, die Ruhe zu bewahren, wenn Menschen, die einem nahestehen, nicht verstehen können, was gesagt und gemeint ist, wenn geliebte Menschen beharrlich weghören und wegsehen, da sie einfach noch nicht bereit sind zu „akzeptieren." Wie ist damit innerlich umzugehen?

MEISTER ST. GERMAIN: Indem du „akzeptierst", dass ein Mitmensch noch nicht akzeptieren kann.

Es ist die natürliche Entwicklung, der natürliche Prozess, den jeder Mensch durchlaufen muss, ehe er bereit ist für die Wahrheit. Dann genügt ein „Wink" und alles ist verstanden. Bis zu diesem Augenblick gilt es zu akzeptieren, was ist. Daran führt kein Weg vorbei.

JJK: Auch wenn es die eigenen Kinder betrifft?

MEISTER ST. GERMAIN: Vor allem dann!

Kinder können von Eltern, die auf alles eine Antwort wissen, wenig annehmen. Sie wollen die Welt und sich selbst SELBST erforschen.

Kinder zu begleiten, heißt, auf ihre Fragen zu antworten, nicht aber Fragen aufzuwerfen, die sie noch nicht stellen wollen oder können.

Einen guten Begleiter zeichnen Geduld, Verständnis und Mitgefühl aus. Eine kleine Pflanze gedeiht dann am besten, wenn sie behutsam gedüngt und gegossen wird. Zu viel Wasser löscht sie genauso aus, wie zu wenig Wasser.

Achtsamkeit und die richtige Dosis von Wissensvermittlung sind hier gefragt – vor allem bei den eigenen Kindern, denn auch diese gehen ihren eigenen Weg, so wie auch du ihn als Kind gegangen bist.

JJK: Diese Botschaft wird, so glaube ich, viele Menschen erreichen – vor allem Eltern, die ihre Kinder nur noch schwer erreichen …

WENN EIN HEILIGER VIBRIERT

Ich habe in dem Buch auf der gleichen Seite noch diesen Satz gelesen: *„Wenn ein Heiliger unter Vibrationen steht, ist er sehr leicht reizbar. Sein Verhalten kann damit zusammenhängen."*

Ich betrachte mich wirklich nicht als „Heiliger", aber manchmal bin ich wirklich sehr leicht reizbar. Es kommt immer aus dem Nichts. Was hat es damit auf sich?

MEISTER ST. GERMAIN: Energiearbeit und Transformationsarbeit bringen dieses Phänomen hervor. Zusätzlich ist es die Gesamtsituation auf Erden, die Menschen, die mitten in ihren Prozessen stecken, sehr fordert. Immer wieder werden Lichtwesen von Dunkelwesen heimgesucht, belagert und geschwächt. Das alles wirkt sich aus.

Es ist heute eine wahrlich besondere Zeit, noch niemals gab es so viel Licht auf Erden und noch niemals so viel Finsternis, die sich entlädt – und mitten in diesem Geschehen versucht sich der einzelne Mensch zurechtzufinden.

Das ist eine große Herausforderung – für alle Menschen.

Auch hier geht es um „Akzeptanz". Macht wenig Aufhebens um eure schlechten Launen. Beachtet eure Reizbarkeit nicht, sondern lasst es geschehen und wartet ab, bis sich alles beruhigt. Beurteilt und verurteilt weder euch selbst noch eure Mitmenschen dafür. Deshalb ist niemand ein schlechterer Mensch oder ein weniger guter „Heiliger".

Trennt euch von den tradierten „Heiligenbildern". Dass Heilige immer freundlich, fröhlich, gütig und ausgeglichen sein müssten, ist Unfug.

Ein „Heiliger" ist immer, was er ist. Ohne Verstellung lebt er ein wahrhaftiges Leben. Ein „Heiliger" steht dem, was Menschen von ihm denken, völlig gleichgültig gegenüber. Wenn die Menschen denken, dass ein reizbarer Heiliger kein Heiliger ist, dann ist das auch gut.

Ich sage euch: Heute gibt es viele außergewöhnliche und schlecht gelaunte Heilige auf der Erde.

Damit beenden wir unser heutiges Gespräch.

Mit dem Segen Gottes schreitet eine Menschheit hin zum Licht und durch die Begleitung von uns Meistern wird ein jeder Mensch, der hören, sehen und erfahren möchte, in das Licht zurückkehren.

Die Tauben werden hören und die Blinden werden sehen, dann, wenn sie selbst dafür bereit sind. Akzeptiert dies, ohne euer Licht zu verbergen. Das ist der Weg.

Ich bin MEISTER ST. GERMAIN

Erst wenn ein Mensch an diesem irdischen Spiel das Interesse verliert, kann er „spirituell" werden.

ERZENGEL CHAMUEL

WAS ODER WEN SUCHST DU?

GESPRÄCH MIT
ERZENGEL CHAMUEL

DER MENSCHLICHE WILLE STEUERT
DER SINN VON WUNDERN
MEISTER-SCHÜLER-BEZIEHUNGEN
WARUM GIBT ES SO WENIGE SUCHER?
JESUS UND BUDDHA

02. JUNI 2018

„Mein Großvater und der Guru meines verehrten Gurus Maharaj erfuhren einst, dass ein großer Heiliger in eine Stadt in ihrer Nähe gezogen sei. Sie suchten ihn auf, mit der Absicht, zehn Tage dort zu bleiben. Nach vier Tagen fragte der Heilige sie, warum sie gekommen wären und was sie von ihm wollten.
‚Wir haben gehört, dass Ihr ein großer Mann unserer Zeit seid', antworteten sie. ‚Und da wir ohne Führung sind, wollten wir Euch um eine Sitzung bitten und gern bei Euch bleiben.'
Nach fünfzehn oder zwanzig Minuten erwiderte der Heilige: ‚Richte ich auch nur meine Aufmerksamkeit auf euch, werdet ihr nicht in der Lage sein, sie zu ertragen. Mein Blick ist so machtvoll, dass ich – schaue ich einen Stein an – diesen in zwei Teile zerspalte.'
Sie gingen und suchten nach einem Stein, den größten, den sie noch anheben konnten, und sie brachten einen so schweren, dass sie ihn nur mit Schwierigkeiten zu transportieren vermochten. Dieser Stein wurde vor den Heiligen gelegt. Der Heilige sah den Stein an und er zerbarst beim ersten Blick. Mein Großvater verbeugte sich tief. ‚Herr', sagte er, ‚wir haben einen Gaukler und Magier im Gewand eines Heiligen kennengelernt.'
‚Warum sprecht ihr so?' erwiderte der Heilige mit offensichtlichem Missfallen. ‚Die Leute verehren mich als großen Mann.'
‚Sicher seid ihr ein großer Mann. Es braucht große Kraft, solch eine Tat zu vollbringen. Aber mit all dieser

Kraft vermögt Ihr nicht, das Herz eines Menschen aufzuspalten. Wir sind einfache Leute. Aber wir sind fähig, das Herz eines Menschen so zu wenden, dass dieser immer weitergehen wird, weiter und weiter, bis dahin, wo es sich niemand vorstellen kann.' Und mit diesen Worten verließen sie den Mann."
(Der Weg durchs Feuer, Tagebuch eines spirituellen Schulung durch einen Sufi-Meister; Irina Tweedie; S. 664ff)

JJK: Ist die Esoterik-Szene nicht voller solcher „Heiliger"? Manchmal gewinne ich den Eindruck, dass die vielen „Selbstermächtigungskurse" verdeckte Egotrips jener sind, die sie anbieten. Wir leben in einer Zeit, in der alles existiert, und auf dem spirituellen Markt überwiegen jene „Meister", die mit ihren Fähigkeiten auf „Jüngerfang" gehen. Solche, die in der Lage sind, das Herz des Menschen „aufzuspalten", sind sehr selten.

Meine Frage ist, sind falsche Heilige eine Gefahr für einen Sucher oder ist der Irrtum Bestandteil der Suche? Gehören Umwege zum Weg oder könnte durch mehr Achtsamkeit manches, auch neues Karma, vermieden werden?

DER MENSCHLICHE WILLE STEUERT

ERZENGEL CHAMUEL: Mein Licht umhüllt die Menschen, die dafür offen sind, mein Licht erreicht die

Herzen, die dafür bereit sind und mein Licht durchdringt die Finsternis, dort, wo die Menschen leben wollen.

Damit ist die Antwort auf deine Frage gegeben:
Wo ein Wille ist, da ist ein Weg – dieses gebräuchliche Sprichwort der Menschen ist hier am richtigen Platze.

Es ist der menschliche Wille, der alles steuert und anzieht. Jeder Mensch sehnt sich auf seine Weise nach Erkenntnis und spirituellen Erlebnissen und ein jeder Mensch zieht das an, wofür er innerlich bereit ist.

Wer sein Herz nicht öffnen möchte, aber bestimmte Fähigkeiten erwerben will, der wird zu einem „Heiligen“ gehen, wie er in der einleitenden Geschichte beschrieben ist.

So ist es der Einzelne, der einen Umweg wählt, und es ist nicht das Schicksal, dass diesen bestimmt. Die falschen Heiligen, die Magier und Zauberer, die Steine nicht aber Menschenherzen aufspalten können, gab und gibt es in dieser Matrix zu jederzeit.

Ein jeder Mensch findet den Meister, der seinen Bedürfnissen gerecht wird, und ein jeder Meister die Schüler, die seinen Bedürfnissen entsprechen. Auf diese Weise gehen oftmals Meister und Schüler Umwege.

DER SINN VON WUNDERN

JJK: Jesus ging über das Wasser, da er, aus meiner Sicht, den Jüngern ein Beispiel von Gottvertrauen geben wollte. Die Apostel waren einfache Menschen, Fischer, die keine Ahnung davon hatten, wer Jesus war. Die Wunder, die Jesus tat, verfestigten das Vertrauen der Apostel in Jesus selbst und in die Botschaft des „Messias".

Meine Frage ist: Wann sind Wunder angebracht und wann handelt es sich um unnötigen Zauber?

ERZENGEL CHAMUEL: Wunder erfüllen dann einen Sinn, wenn der einzelne Mensch ein Wunder benötigt, um voranzukommen. Hier gibt es zwei Gründe, die vorliegen müssen, damit ein Wunder gerechtfertigt ist:

1) Wenn ein Wunder das einzige Mittel ist, einen Menschen oder Menschengruppen wachzurütteln und sie für eine spirituelle Wahrnehmung zu sensibilisieren.
2) Wenn durch ein Wunder Karma in großem Ausmaß erlöst werden soll.

Ein wahrhaftig Heiliger geht mit Wundern sehr sorgfältig um und er weiß genau, wann und wo es ein Wunder braucht.

Heilige, die ihre Fähigkeiten zur Schau stellen, ziehen die Menschen an, die noch im außen suchen.

Wer seine Aufmerksamkeit nach innen lenkt, dessen Suche ist ganz anders und dieser Mensch sucht auch woanders.

JJK: In diesem Fall haben Meister und Schüler eine ähnliche innere Reife? Beide orientieren sich im außen.

MEISTER-SCHÜLER-BEZIEHUNGEN

ERZENGEL CHAMUEL: Auf dieser Ebene, ja. Wahre Meister wissen genau, warum sie welchen Schüler annehmen. Bei oberflächlicher Betrachtung scheinen manche Schüler für einen Meister nicht reif genug. Deshalb sind die meisten Meister-Schüler-Beziehungen auf dieser Ebene von kurzer Dauer. Wahrhaftige und tiefe Meister-Schüler-Beziehungen überdauern viele Leben, oft haben sie bis zur Rückkehr in die Einheit Bestand. Dabei wechseln sich die Rollen von Lehrer und Schüler oft ab. Es ist ein Nehmen und Geben, ein unaufhörliches Lernen, bis alles, was auf dieser Ebene möglich ist, erworben wurde.

JJK: Warum gibt es auf dieser Welt so wenige ernsthafte Sucher? Menschen, die sich ihr Herz „aufspalten" lassen wollen, sind sehr, sehr selten.

WARUM GIBT ES SO WENIGE SUCHER?

ERZENGEL CHAMUEL: Diese Ebene des Seins bietet den Menschen Erfahrungen. Eine nahezu unerschöpfliche Bandbreite von Abenteuern gilt es zu erleben. Deshalb verkörpern engelsgleiche Wesenheiten als Menschen auf dieser Erde – und diese Abenteuer wollen mit Leib und Seele ausgekostet werden, eher ist ein Mensch nicht bereit, dieses Leben gegen das andere Leben einzutauschen.

Diese Ebene des Seins beherbergt Menschen, die diese Reise in allen Facetten auskosten wollen. Jene, für die dieses Spiel uninteressant ist, sind in der Minderzahl.

Erst wenn ein Mensch an diesem irdischen Spiel das Interesse verliert, kann er „spirituell" werden.

Dann kommt der wahre Meister wie von selbst in das Leben und dann wird der spirituelle Pfad wirklich beschritten. Weder kann ein Fisch in der Wüste noch ein Kamel am Meeresgrund leben.

JESUS UND BUDDHA

JJK: Welche Aufgabe haben oder hatten wahre Meister wie JESUS oder BUDDHA?

Wenn ich denke, wie ignorant die meisten Menschen sind oder wie gerne wahre Meister falsch verstanden werden, dann frage ich mich, welchen Sinn macht so ein Leben, wenn die Menschen ihre Runden fern von einer spirituellen Wahrnehmung drehen wollen?

ERZENGEL CHAMUEL: Wahre Meister setzen Lichtanker und Lichtpunkte, damit die Menschen dann, wenn sie bereit sind, eine Orientierung haben. Ohne dieses Licht fände niemand aus diesem Labyrinth der Zeit hinaus. Es sind Oasen des flüssigen Lichts, die diese Meister auf der Erde verankern, damit jene, die sie eines Tages brauchen, nicht verdursten.

Ein Meister kennt seine Aufträge und erfüllt sie. Liebe fließt unaufhörlich, bis sich ein Menschenherz öffnet und es gespalten werden kann.

Seid euch gewiss, dass auch auf dieser Welt alles den göttlichen Gesetzmäßigkeiten gehorcht. Die vielen Dramen sind Teil von Erfahrungen und nur jene Menschen, die ihre Bindungen an diese Welt aufgeben, können die Neue Welt betreten – fern von Ängsten und in Freiheit.

Reife Schüler finden reife Meister und wer dieses Spiel ausgekostet hat, erlangt in Windeseile seine Meisterschaft.

Stelle dir die Fragen: Wo stehe ich in diesem Prozess?
Bin ich am irdischen Spiel noch interessiert?
Was möchte ich auf dieser Welt noch erleben?
Wohin drängt und zieht es mich und was ist meine tiefste Sehnsucht?

Ein wahrhaftiger Umgang mit dir selbst lässt dich den Lauf der Welt und dein eigenes Leben besser verstehen – und so führen dich die Antworten auf diese Fragen zu dir selbst zurück.

Ich liebe dich unendlich

ERZENGEL CHAMUEL

Folgt Jesus direkt und nicht den Kirchen, die in sicherer Entfernung zu Jesus ihre eigene Suppe kochen.

MEISTER KONFUZIUS

DAS LEBENDIGE GEBET

GESPRÄCH MIT
MEISTER KONFUZIUS

MACHT NICHT VIELE WORTE!
BETET MIT DEM HERZEN
VERWENDET STÄRKENDE MANTRAS
DU BIST WÜRDIG
NEHMT DAS GEBET SELBST IN DIE HAND
SEID EINFACH IHR SELBST

03. JUNI 2018

MACHT NICHT VIELE WORTE!

Indem ihr aber betet, machet nicht viele Worte wie die Heiden; denn sie meinen, dass sie erhört werden, wenn sie viele Worte machen.
Werdet also nicht ihnen gleich; denn euer Vater weiß schon vorher, wessen ihr bedürfet, ehe ihr ihn bittet.
(Matthäus 6, 7, 8)

OSHO: Ich muss euch eine Geschichte erzählen, die ich sehr gerne mag. Sie stammt von Leo Tolstoj:
Irgendwo im alten Russland gab es einen See, der wegen der drei Heiligen berühmt war, die dort auf einer Insel lebten. Im ganzen Land begann man sich für sie zu interessieren. Tausende von Leuten strömten herbei, um die drei Heiligen zu sehen.
Der Metropolit war sehr beunruhigt: Was ging da vor? Von diesen „Heiligen" hatte er noch nicht gehört, sie waren nicht von der Kirche beglaubigt. Wer hatte sie zu Heiligen ernannt?
Das haben die christlichen Kirchen immer gemacht – eines der dümmsten Dinge im Christentum – sie haben Zertifikate vergeben: „Dieser Mann ist ein Heiliger".
Als ob du jemanden zu einem Heiligen machen könntest, indem du es ihm „bescheinigst".
Aber die Leute waren so begeistert und es wurde so viel von Wundern berichtet, die geschehen waren, dass der Metropolit hinfuhr, um die Situation selbst in

Augenschein zu nehmen. Er fuhr mit einem Boot zu der Insel hinüber, auf der die drei Männer lebten. Sie waren arme Leute, aber sehr glücklich, denn die einzig wirkliche Armut ist die Armut eines Herzens, das nicht lieben kann. Sie waren arm und reich zugleich – die reichsten Leute weit und breit.
Die drei saßen unter einem Baum und lachten und waren glücklich. Als sie den Metropoliten kommen sahen, verneigten sie sich vor ihm. Er fragte sie:
„Was macht ihr hier? Man hört Gerüchte, dass ihr große Heilige seid. Wisst ihr denn überhaupt, wie man betet?"
Beim Anblick dieser drei Männer war ihm sofort klar geworden, dass sie ungebildet und ein bisschen zurückgeblieben waren – glücklich, aber dumm.
Sie schauten einander an und sagten: „Es tut uns leid, Herr, aber das richtige und von der Kirche genehmigte Gebet kennen wir nicht, denn wir sind ungebildet. Aber wir haben unser eigenes Gebet – wir haben es selbst verfasst. Wenn du es uns nicht übel nimmst, sagen wir es dir gerne auf."
Der Priester antworte: „Ja, lasst mich hören, was ihr betet."
Und sie sagten: „Wir haben alles Mögliche ausprobiert und viel darüber nachgedacht. Aber wir sind keine großen Denker. Wir sind simple Leute, wir sind nur unwissende Dörfler. Deshalb haben wir uns für ein einfaches Gebet entschieden. Die Kirche sagt, Gott ist eine Dreifaltigkeit: Gott der Vater, der Sohn und der Heilige Geist. Und wir sind auch drei. Erbarme dich unser."

Der Metropolit war sehr aufgebracht. Fast wütend sagte er: „Was für ein Unsinn! So ein Gebet gibt es überhaupt nicht. Lasst das gefälligst bleiben! So wird man nicht zu Heiligen. Ihr seid einfach nur dumm." Da fielen sie ihm zu Füßen und baten: „Bitte, bringe uns das richtige, das wahre Gebet bei."
Also sprach er ihnen das richtige Gebet vor, das von der russisch-orthodoxen Kirche genehmigte Gebet. Es war lang und kompliziert – große bombastische Worte. Die drei Männer sahen einander an. Unmöglich!
Der Weg zum Himmel schien ihnen verschlossen. Sie sagten: „Bitte, sag es uns noch einmal auf, weil es so lang ist und wir ungebildet sind." Also wiederholt er es, aber sie baten: „Noch einmal, Herr, sonst vergessen wir es bestimmt und machen Fehler." Also sagte er es noch ein drittes Mal. Da dankten sie ihm von Herzen und er war sehr zufrieden mit sich: Drei Dummköpfe waren in den Schoß der Kirche zurückgekehrt.
Der Metropolit ruderte in seinem Boot davon. Doch plötzlich, als er schon mitten auf dem See war… er traute seinen Augen nicht: Die drei Männer, diese drei Narren, kamen übers Wasser gelaufen! Sie riefen: „Warte! Nur noch einmal. Wir haben es schon wieder vergessen."
Es war unfassbar! Der Metropolit fiel vor ihnen nieder und sagte: „Vergebt mir. Bleibt nur bei eurem Gebet!"

(OSHO, Mut, S. 92ff, Allegria, Ullstein Verlag)

BETET MIT DEM HERZEN!

Beten heißt, sich mit eigenen Worten Gott mitteilen, sein Herz vor Gott ausbreiten.
Beten heißt, mit der Schöpfung, mit allem Leben kommunizieren – eine lebendige und authentische Beziehung eingehen und sich austauschen – frei von Konzepten und Beschränkungen.

Das ist das Gebet, wie es sein soll und wie es ein Menschenherz anhebt und Gott näherbringt. Macht aus eurer Zwiesprache mit Gott etwas Lebendiges und löst jede Starrheit. Das Gebet ist etwas Lebendiges, nichts Totes, ist etwas Einzigartiges, da du einmalig bist und kein ANDERER betet, wie DU.

Jeder Mensch begegnet Gott auf seine Weise, jeder Mensch spricht mit Gott auf seine Weise und jeder Mensch klagt vor Gott oder freut sich vor Gott auf seine Weise.

Lasst ab von den vorgestanzten Worthülsen.

JJK: OSHO bringt im erwähnten Buch noch dieses wunderbare Bild – OSHO: *„Ich habe von einem Rechtsanwalt gehört, einem sehr berechnenden Mann. Jede Nacht, wenn er zu Bett geht, schaut er zum Himmel hoch und sagt: „Dito – das Gleiche wie immer“, und legt* *sich schlafen. ER hat nur einmal gebetet, das allererste Mal, und danach kam nur noch „dito". Das ist für ihn eine völlig legale Angelegenheit. Was hat es für einen Sinn, immer wieder das gleiche Gebet herzusagen? Ob du dito sagst oder immer alles wiederholst, läuft auf das Gleiche hinaus."* (OSHO, S. 95ff, Mut, Allegria Ullstein)

VERWENDET STÄRKENDE MANTRAS

MEISTER KONFUZIUS: Verwendet Mantras, die euch stärken. Mantras sind kein Gebet. Vorformulierte Gebete haben entweder keinen Sinn oder sie wirken sich häufig negativ auf euch aus. Gebete, wie von den Kirchen ersonnen, folgen dem Ziel, die Menschen hinunterzuziehen und in einer niedrigen Schwingung zu halten. Diese Gebete blockieren eure spirituelle Erweiterung und die Institutionen, die sie ersonnen haben, kontrollieren auf diese Weise eure spirituelle Nicht-Entwicklung.

DU BIST WÜRDIG

JJK: Mir fällt hier der Satz, der beim christlichen Gottesdienst immer gesprochen wird, ein: *„Herr, ich bin nicht würdig, dass Du eingehst unter mein Dach, aber sprich nur ein Wort, so wird meine Seele gesund."*

Dies ist eine falsche Ableitung der Geschichte, wie sie in der Bibel (Matthäus 8, 5–13) beschrieben ist:

5 *Als er nach Kafarnaum kam, trat ein Hauptmann an ihn heran und bat ihn:*

6 *Herr, mein Diener liegt gelähmt zu Hause und hat große Schmerzen.*

7 *Jesus sagte zu ihm: Ich will kommen und ihn gesund machen.*

8 *Da antwortete der Hauptmann: Herr, ich bin es nicht wert, dass du mein Haus betrittst; sprich nur ein Wort, dann wird mein Diener gesund.*

9 *Auch ich muss Befehlen gehorchen und ich habe selbst Soldaten unter mir; sage ich nun zu einem: Geh!, so geht er, und zu einem andern: Komm!, so kommt er, und zu meinem Diener: Tu das!, so tut er es.*

10 *Jesus war erstaunt, als er das hörte, und sagte zu denen, die ihm nachfolgten: Amen, das sage ich euch: Einen solchen Glauben habe ich in Israel noch bei niemandem gefunden.*

11 *Aber ich sage euch: Viele werden kommen vom Morgen und vom Abend und mit Abraham und Isaak und Jakob im Himmelreich sitzen.*

12 *Aber die Kinder des Reiches werden ausgestoßen in die Finsternis hinaus; da wird sein Heulen und Zähneklappern.*

13 *Und zum Hauptmann sagte Jesus: Geh! Es soll geschehen, wie du geglaubt hast. Und in derselben Stunde wurde der Diener gesund.*

Es macht nämlich einen großen Unterschied, ob ein einzelner Mensch, wie der Hauptmann im damaligen Jerusalem, glaubt, er sei nicht würdig, dass JESUS sein Heim betrete – oder ob sich ein Mensch bei jeder Messe einredet, er sei vor Gott unwürdig. Dieses Beispiel zeigt, wie subtil eine wunderbare Parabel umgedeutet wird.

Hier wird eine einmalige Situation der damaligen Zeit, die für JESUS und für den Hauptmann stimmte, für alle Zeiten auf alle Menschen übertragen – und die Menschen glauben das bis heute …

MEISTER KONFUZIUS: Zu glauben, nicht würdig zu sein, ist ein großer Irrtum. Gott nimmt niemandem seine Würde, es ist der Mensch allein, der imstande ist, dies zu tun und dies zu glauben. Sprecht ihr hingegen die folgenden Jesus-Worte, so stärkt euch das augenblicklich und es lässt euch wachsen, bis ihr euch würdig fühlt. Sprecht:

ICH BIN DER WEG, ICH BIN DIE WAHRHEIT UND DAS LEBEN.

„Was ich tue, das werdet auch ihr tun, und mehr noch!“, sagte euch MEISTER JESUS – und das ist damit gemeint.

Und ehe ihr tun könnt, was Jesus tat, müsst ihr sprechen, was Jesus sprach.

MEISTER JESUS ging euch voraus. Er wies euch den Weg und wie er zu gehen ist.

Folgt Jesus direkt und nicht den Kirchen, die in sicherer Entfernung zu Jesus ihre eigene Suppe kochen.

Vor allem die eingelernten Gebete, die durch ständige Wiederholungen im Herzen der Menschen verankert werden, sind ein Übel und richten großen Schaden an. Negative Gebetsformeln, die die Schuldgefühle und die Minderwertigkeit des Menschen hochhalten, sind ein Werk dunkler irdischer und nichtirdischer Kräfte. Diese „Tradition" gehört überwunden, damit ihr frei beten und frei werden könnt.

Wer Macht über die spirituelle Entwicklung oder Nicht-Entwicklung eines Menschen ausübt, der hat den Menschen vollkommen in der Hand. Die Kirchen dienen diesem Ziel und haben noch niemals etwas anderes im Sinn gehabt. Deshalb lehren sie euch das falsche Beten, den falschen Glauben und den falschen Zugang zu Gott.

NEHMT DAS GEBET SELBST IN DIE HAND!

Nehmt euer Leben von heute an selbst in die Hand!
Nehmt euer Gebet von heute an selbst in die Hand!

Nehmt eure spirituelle Entfaltung von heute an selbst in die Hand!

Mit Gott zu sprechen, heißt, alles mit Gott auszutauschen und zu besprechen! Oder glaubst du, dass dir Gott deine schlechte Laune, so du mit IHM haderst, übel nimmt? Glaubst du, Gott ist ein Egoist und zieht sich beleidigt zurück, wenn du deinen Unwillen über bestimmte Entwicklungen in deinem Leben vor IHM ausbreitest? Und wer hat dir eingeredet, dass man vor Gott die Knie beugen muss, um angehört zu werden?

SEID EINFACH IHR SELBST

Was aber ist das Gebet noch? Gebet ist der Austausch mit der Schöpfung – mit der ganzen Schöpfung. Du sprichst mit den Tieren genauso wie mit den Pflanzen. Wer wirklich betet, scheint verrückt zu sein. Dem Beispiel der drei Heiligen könnt ihr – ohne zu zögern – folgen.

Verrücktheit ist hier die Bestätigung dafür, dass ihr etwas richtig macht. Lass dich also von Meinungen und von der Wahrnehmung anderer nicht beeinflussen. Gehe deinen Weg und bete, wie es dir entspricht. Der Austausch mit Gott findet immer über das Herz statt. Lippenbekenntnisse sind dafür wenig geeignet.

Für das richtige Gebet brauchst du nichts weiter als ein offenes Herz, ein dem Lebendigen zugewandtes Herz. Besitzt du dies, so verlieren die vorgefertigten Gebete jede Faszination und dir käme es niemals in den Sinn, diese wie ein Papagei nachzuplappern.

JJK: Für mich ist interessant, dass Du, MEISTER KONFUZIUS, diese Botschaft gibst. Zumal es ein Thema betrifft, das im christlichen Kontext zu sehen ist.

MEISTER KONFUZIUS: Diese „Überraschung" ist jetzt sehr hilfreich und notwendig. Denn genauso wie sich die Menschen von den Gebetsmustern befreien sollen, sollen sie sich auch davon befreien, Meister in irgendwelche Kategorien einzuordnen.

Wir alle sind eins, wir alle erfüllen unsere Aufgaben, diesseits und jenseits des Schleiers – und was ein Meister jenseits des Schleiers für Aufgaben übernommen hat, das entzieht sich den Menschen.

Der Mensch neigt dazu, Dinge und Menschen einzuordnen und in Schubladen zu stecken. Auch mich habt ihr in eine Schublade gesteckt, in der fernöstliche Weisheitslehren zu finden sind. Es gibt aber mehr, viel mehr, und mich macht mehr aus – viel mehr.

Aber ihr könnt erst gut schlafen, wenn sich alles in einer Schublade befindet. Wenn alles an der richtigen Stelle ist, dann habt ihr inneren Frieden, dann herrscht Ruhe.

Diese „wider-natürliche" Ordnung gehört aufgelöst. Öffnet diese Schubladen und befreit Dinge und Menschen von euren Vorstellungen. Kategorien, auch wenn sie einmal hilfreich waren, bringen euch jetzt nicht mehr weiter. Was euch heute weiterbringt, ist das konsequente Bewusstmachen von Irrtümern, bis ihr frei denken, frei handeln und frei beten könnt.

Handelt den drei Heiligen gleich: ***Lasst das Gebet aus eurem Herzen fließen, geht über Wasser, ohne es zu bemerken, und tut Wunder, als wären sie die natürlichste Sache auf der Welt.***

Dann lebt ihr und dann habt ihr begriffen, was das Gebet ist und was Gott ist.

Handelt den drei Heiligen gleich: Seid einfach und seid einfach ihr selbst.

Ich bin KONFUZIUS
Leben, Freude, Weisheit und Liebe.

Alles kommt zu dem,
der bereit ist für die eigene
Wahrheit.

MEISTER ST. GERMAIN

GEHT WEITER, ALS IHR ES EUCH VORSTELLEN KÖNNT!

GESPRÄCH MIT

MEISTER ST. GERMAIN

DIE NACH OSTEN AUSGERICHTETE SCHACHTEL
FEINGEFÜHL UND SENSIBILITÄT ENTWICKELN
AUFGEBEN – ABER WAS?
UMSTELLUNGEN GESCHEHEN DURCH GOTT
BEREIT SEIN FÜR DIE WAHRHEIT

10. JUNI 2018

DIE NACH OSTEN AUSGERICHTETE SCHACHTEL

„Ein chinesischer Meister hatte einmal einen amerikanischen Schüler. Als dieser wieder heimfuhr, überreichte ihm der Meister zum Abschied eine kleine geschnitzte Holzschachtel mit den Worten:
‚Eine Bedingung musst du stets einhalten: Und selbst wenn du diese Schachtel verschenkst, muss diese Bedingung erfüllt werden. Versprich mir das … denn ich selbst habe mich immer daran gehalten. Und es geht hier um nichts Neues, sondern um etwas Uraltes, und ganze Generationen haben bereits diese Bedingungen erfüllt.'
Der Schüler sagte: ‚Ich werde sie erfüllen.' Es war ein so schönes Stück, so wertvoll, so alt, dass er hinzufügte: ‚Egal, wie die Bedingung lautet …'
Der Meister antwortete: ‚Es ist ganz einfach: Du musst sie in deinem Haus so aufstellen, dass sie nach Osten weist. Und da man es seit jeher so gehalten hat, ehre auch du diese Sitte von nun an.'
Der Schüler sagte: ‚Das ist überhaupt nicht schwer. Ich werde es tun.'
Aber als er die Schachtel nach Osten ausgerichtet hatte, wurde ihm klar, wie schwer es war: Denn plötzlich warf sie die gesamte Einrichtung seines Wohnzimmers aus dem Lot. Diese nach Osten weisende Schachtel wollte einfach nicht dazu passen! Also musste er das gesamte Wohnzimmer so lange umändern, bis alles auf die Schachtel abgestimmt war.

Doch nunmehr wurde die Einrichtung des ganzen Haues absurd, also musste er alles umstellen. Dann wurde der Garten absurd! Und allmählich war er erschöpft. Er schrieb an den Meister: ‚Diese Schachtel hat's in sich! Ich werde die ganze Welt umkrempeln müssen – denn wenn ich jetzt auch den Garten verändere, ist als Nächstes die Nachbarschaft daran…' Und er war ein sehr feinfühliger Mann, sonst hätte er nicht so empfinden können." (Aus: Osho, Das Thomas-Evangelium, S. 319ff, Goldmann Arkana)

JJK: Das Wesen echter Transformation ist totale Veränderung und kommt in dieser Parabel verständlich zum Ausdruck. Meine Beobachtung ist nun die, dass die Menschen genau vor diesen Veränderungen Angst haben und deshalb bleiben sie oft am halben Wege stehen. Stimmt das?

MEISTER ST. GERMAIN: Es ist richtig, dass sich Menschen vor Veränderungen fürchten, da jede Veränderung mit Abschied, mit dem Aufgeben von Bekanntem zu tun hat – und es ist richtig, dass deshalb viele Menschen den Weg in das Licht nicht vollenden können.

Der wesentliche Satz in dieser Geschichte ist der letzte Satz: *„Und er war ein sehr feinfühliger Mann, sonst hätte er nicht so empfinden können."*

Auf diese Feinfühligkeit kommt es an, anderenfalls ist es einem Menschen gar nicht möglich, denn Sinn dieser Botschaft zu verstehen.

Die Einen könnten einwenden: *„Warum soll ich alles umstellen wegen einer einzigen Schachtel, sie passt auch so irgendwohin, und so, dass ich sie nach Osten ausrichte?"*

Die Anderen könnten meinen: *„Gut, ich baue meine Wohnung um, aber was hat meine Verwandlung mit dem Nachbarn zu tun?"*

Beide Zugänge zu dieser Geschichte sind von geringer Sensibilität und von geringer Bewusstheit geprägt. Das heißt, ehe eine lebensverändernde Transformation stattfinden kann, gilt es eine sehr hohe Sensibilität zu erlangen. Diese hat nur der Mensch, der bereits einen bestimmen Punkt in der Transformation erreicht und überschritten hat.

Eine feine Wahrnehmung hat der, dessen Herz dafür geöffnet wurde. Verschlossene Herzen erkennen den tiefen Sinn und die Auswirkungen dieser Geschichte nicht und genauso wenig bringen sie diese Geschichte mit sich selbst in Verbindung.

JJK: Für die Menschen, die dies jetzt lesen – wo kann ein jeder in diese Geschichte einsteigen und sich selbst finden? Ich meine, Parallelen zu seinem Leben!

MEISTER ST. GERMAIN: Die meisten Menschen, die dieser Übermittlung mit offenem Herzen folgen, haben bereits viele Abschiede vollzogen. Sie wissen, wie es sich anfühlt, das Leben umzustellen. Es ist also eine gewisse Übung und Reife vorhanden. Das ist ein guter Boden, auf dem tieferes Verständnis und eine noch größere Bereitschaft zur Transformation entstehen können.

Der Schlüssel zum vollen Verständnis liegt im Bewusstsein, dass sich ALLES – wirklich ALLES – umstellt, sobald jemand den Weg nach „Osten" bedingungslos und mit ganzer Hingabe geht – und vor dieser Absolutheit fürchten sich viele Menschen. Deshalb bleiben viele Lebenswege unvollendet, da der Mensch an irgendetwas festhält oder nicht über den eigenen Schatten springen kann.

„AUFGEBEN" – ABER WAS?

JJK: Heißt das, alles aufzugeben? Auch Frau und Kinder, die Familie? Alle Freunde, auch wenn die Beziehungen sehr erfüllend sind?

MEISTER ST. GERMAIN: Hier geht es nicht darum, sich wie Mönche oder Einsiedler eilig von allem zu verabschieden, sondern es geht darum, innerlich bereit dafür zu sein. Die innerliche Bereitschaft, den spirituellen Pfad ohne Wenn und Aber zu gehen, das ist das Entscheidende - alles Weitere stellt sich dann von selbst ein.

JJK: Wenn ich an mich denke - meine Freunde sind kosmische Verabredungen, so auch meine Familie. Warum also dies aufgeben?

MEISTER ST. GERMAIN: Jahn, du hast es noch nicht ganz verstanden. ***Um die eigene Transformation nicht selbst zu blockieren, bedarf es der inneren Grundhaltung von Bedingungslosigkeit.***

Es geht zunächst um diese innere Haltung und nicht darum, etwas zu beenden. Ehe einem diese „Schachtel" überreicht wird, muss diese innere Haltung, diese „Feinfühligkeit", vorhanden sein.

Was dich und deine Freunde, deine Familie und dein Umfeld betrifft, so hast du dieses, seitdem du lebst, wiederholt verändert - es hat sich verändert, da du dich verändert hast. Von deinen „alten Bekannten" ist heute niemand mehr übrig.

In diesem Sinne, sollte sich ein jeder Mensch – der seit langer Zeit alte Kontakte und Bekanntschaften pflegt, ohne dass sie erfüllend sind, sondern nur, da gewisse Gewohnheiten und Erinnerungen dieses Band zusammenhalten – fragen, ob das für seine spirituelle Entwicklung förderlich ist. Viele Menschen haben Furcht davor, sich aus Beziehungen, die schon lange keinen Sinn mehr erfüllen, zurückzuziehen. Diese Muster sind es wert, genau betrachtet zu werden.

Ja, es gibt sie, die Verabredungen aus dem Licht, Menschen, die auf Erden zusammenkommen und gemeinsam einen Weg mit Aufgaben beschreiten. Bis sich aber solche Verabredungen erfüllen können, müssen die einzelnen Menschen ein bestimmtes Maß an Reife und Erkenntnissen erreicht haben. Wer niemals in Erwägung zieht, eine solche Schachtel bei sich aufzustellen, der findet niemals die richtigen Beziehungen, Freunde oder die richtige Familie.

JJK: Das heißt, viele Menschen haben zu wenig Übung darin, etwas aufzugeben – weder Freunde noch Dinge? Bei mir war es in der Tat so, dass sich der Freundeskreis immer meiner eigenen Entwicklung angepasst hat – und ich kann Menschen, von denen ich mich trennen musste oder die sich von mir abgewandt haben, gar nicht mehr aufzählen, so viele waren es im Laufe meines bisherigen Lebens...

MEISTER ST. GERMAIN: Ab einem bestimmten Moment in der eigenen Entwicklung tritt der Wunsch, sich selbst zu erkennen, übermächtig hervor. Dann werden dem Menschen die Folgen seiner Erkenntnisarbeit verständlich und alles geschieht in diesem Sinne.

JJK: Was mir auch auffällt, ist, dass sich die Beziehungen meist – ohne dass ich etwas tun musste – verändert haben oder beendet wurden. Ich war ein ANDERER und die Menschen konnten mit mir nicht mehr viel anfangen…

UMSTELLUNGEN GESCHEHEN DURCH GOTT

MEISTER ST. GERMAIN: Das ist das Wesen jeder tief greifenden Veränderung. Sobald sich ein Mensch von Gott anleiten und führen lässt, stellt Gott alles im Leben eines Menschen so um, sodass es zu seiner aktuellen Entwicklung passt. Kein Mensch braucht hier übereifrig etwas zu tun, sondern Dinge, die nicht mehr sein sollen, fallen bei jemandem, der am Weg ist, von selbst ab – Menschen, die nicht mehr in das Leben passen, gehen von selbst weg oder man löst sich ganz leicht von ihnen.

JJK: Die Schachtel nach Osten auszurichten und zu sehen, was passiert?

MEISTER ST. GERMAIN: Ja – oder die Schachtel zurückzugeben und sich das eigene Scheitern einzugestehen und bewusst zu machen, sich nicht anzulügen oder so zu tun, als sei man ein Transformationsspezialist, sondern klar zu sehen, wann und warum man an dieser Stelle die Transformation abbricht.

Seid bei allem, was ihr tut, wahrhaftig, dann wird euch das Leben mit ungewöhnlichen Gelegenheiten aufwarten.

JJK: Aufgeschoben ist nicht aufgehoben?

MEISTER ST. GERMAIN: Wer sich sein Verhalten offen eingesteht, nichts schönredet oder schön macht, der hat die besten Voraussetzungen dafür, einen Irrtum rasch zu erkennen.

BEREIT SEIN FÜR DIE WAHRHEIT

Viele Menschen machen heute mitten am Weg halt. Die Einen wissen es und die Anderen kaschieren es. Was immer die Gründe dafür sind: Diese Botschaft soll euch dazu ermutigen weiterzugehen, als ihr es euch vorstellen könnt:

- Lasst euch von euren eingelagerten Ängsten oder vom Verstand nicht blockieren.

- Geht einfach weiter und weiter und weiter – bis ihr nicht mehr anders könnt, bis der Weg ins Licht unumkehrbar ist.
- Macht euch keine Sorgen, ob eure heutigen Beziehungen die richtigen sind. Lebt sie! Aber lebt auch eure Transformation und seid bereit, alles aufzugeben und anzunehmen.

Alles kommt zu dem, der bereit ist für die eigene Wahrheit.

Geht unbeirrt voran und alles, was euch dienen soll, gelangt von selbst in euer Leben. Auf diese Bedingungslosigkeit und Feinheit kommt es jetzt an, damit deine Transformation weitergehen und sich vollenden kann.

Ich stehe dir bei und mit mir eine ganze Schar von himmlischen Kräften.

Bleibe dir selbst treu, indem du im tiefen Gottvertrauen weiterschreitest, denn ER sorgt für dich und gibt dir alles, was du zum Leben brauchst.

Und das in jeder Hinsicht.

Ich bin MEISTER ST. GERMAIN

JJK: Erleuchtung heißt also nicht, automatisch den Inkarnationszyklus zu beenden – und den Inkarnationszyklus zu beenden, heißt nicht, automatisch erleuchtet zu sein?

RAH: Das ist richtig.

GIBT ES AUF 5D NEGATIVE WESEN?

GESPRÄCH MIT

RAH

20. JUNI 2018

„RA: Ich bin Ra. Die vierte Dichte ist die einzige Dichte neben eurer eigenen, die aus Mangel an Weisheit – das Kämpfen zu unterlassen – die Notwendigkeit des Kriegs sieht. Deshalb ist es nötig, dass soziale Erinnerungskomplexe der vierten Dichte verwendet werden.

FRAGESTELLER: Habe ich dann recht mit der Annahme, dass vierte Dichte auf beiden Seiten, von sowohl der Orion- als auch der Bündnis-Seite, in diesem Kampf sind, und dass die fünfte und sechste Dichte der Orion-Seite nicht darin involviert sind? Ist das korrekt?

RA: Ich bin Ra. Dies wird die letzte volle Frage sein, da die Energie des Instruments niedrig ist. Es ist teilweise richtig. Positive Wesen der fünften und sechsten Dichte würden an diesem Kampf nicht teilnehmen. Fünfte-Dichte negativ würde an diesem Kampf nicht teilnehmen. Deshalb kommt die vierte Dichte beider Orientierungen in diesem Konflikt zusammen."

(Aus: Das Gesetz des Einen, Das Ra-Material, reine Textausgabe, S. 170ff); RA und RAH sind unterschiedliche Entitäten, Anm. JJK

JJK: Das ist für mich sehr interessant! Das heißt, es gibt auch auf der fünften Dimension negative Wesen!?

RAH: Wir sind RAH.

Negative, die sich in das Geschehen auf 3D- oder 4D-Ebenen nicht durch kriegerische Handlungen einmischen, negativ, da das Bewusstsein von Licht und Liebe noch nicht vollständig erfasst wurde und erkannt ist.

JJK: Heißt das, dass diese Wesen den Inkarnationszyklus auf 3D-Erden abgeschlossen haben und dennoch nicht erleuchtet sind?

RAH: ***Den Inkarnationszyklus abzuschließen heißt, das Karma aufzulösen, heißt nicht, in die vollständige Gegenwart Gottes, als lichtvoller Teil der ALLES-WAS-IST-WIRKLICHKEIT, zurückzukehren.***

Ja, es ist richtig: Auf der fünften Dimensionsdichte gibt es Wesenheiten, die gleichsam positiv als auch negativ orientiert sind.

Zum Unterschied auf den 3D- oder 4D-Ebenen verursachen Negativwesen auf 5D keinen Schaden mehr, da deren Bewusstsein jeden Kampf zurückweist und ablehnt. Für diese Wesenheiten geht es allein darum, das „Negative" in das „Positive" zu verwandeln.

Wer die dritte und die vierte Dimensionsdichte gemeistert hat, der findet für diese finale Erkenntnisarbeit auf der fünften Dichte die besten Bedingungen dafür vor.

JJK: ***Erleuchtung heißt also nicht, automatisch den Inkarnationszyklus zu beenden – und den Inkarnationszyklus zu beenden, heißt nicht, automatisch erleuchtet zu sein?***

RAH: ***Das ist richtig.***

Dieses Verständnis ist jetzt wichtig für die Menschen, damit sie aus dem begrenzten Denken herausfinden – damit sie aus dem Denken überhaupt hinausfinden.

Wir segnen euch im Namen der Urquelle allen Lebens, wir segnen euch im Namen Gottes.

RAH
Wir sind RAH. Eine Schwingungseinheit aus den Reichen des Lichts der 7. Dimension.

Ich bin bei dir und meine
Wohnung ist dein Herz.
Der Tag, an dem dir das voll
bewusst wird, ist dein letzter Tag
auf dieser Welt.

GOTT

GIBT ES DIE WIEDERGEBURT ODER EINEN STRAFENDEN GOTT?

GESPRÄCH MIT
GOTT

VON OFFENBARUNGEN
GIBT ES EINEN STRAFENDEN GOTT?
JEDER MENSCH HAT EIGENE GOTTESBILDER
GIBT ES DIE WIEDERGEBURT DES MENSCHEN

24. JUNI 2018

Bei Gesprächen mit Menschen oder in der spirituellen Literatur merke ich, dass immer noch sehr viele an die „Einmaligkeit des Menschenlebens“ glauben. In vielen Menschen ist das Bild, dass wir für unsere „falschen Taten“ im Jenseits mit langem Leiden bestraft werden, äußerst lebendig. Selbst Menschen, die wirklich nicht als oberflächlich zu bezeichnen sind, zweifeln, wenn das Thema der Wiedergeburt angesprochen wird. Auch sogenannte Propheten erhalten Offenbarungen, die dieses Glaubenskonzept vertreten.

Ich frage mich: Hört dieser Wahnsinn niemals auf?! Werden die Menschen niemals bewusster und ist das Gottesbild dermaßen fehlgelenkt, sodass der Mensch glaubt, Gott bestrafe den Menschen im Jenseits? Wann werden sich die Menschen von solchen Predigten, Predigern und Religionen abwenden?

Natürlich ist die Wiedergeburt für mich eine Tatsache, zumal ich Einblick in einige meiner Vorleben gewann und natürlich sprachen Meister unentwegt davon. Es ist bekannt, welche Leben die Aufgestiegenen Meister hatten, ehe sie auf der Erde graduierten.

Es ist bekannt, dass JESUS selbst von der Wiedergeburt sprach und andeutete, dass JOHANNES DER TÄUFER ELIJA (1) war. Es ist bekannt dass BABAJI, PARAMAHANSA YOGANANDA, SAI BABA und unzählige verwirklichte Meister ständig die Wiedergeburt ins Treffen führten und dennoch gehen die Menschen immer noch mit einem strafenden Gott in Resonanz.

Warum?! Wann werden die Menschen von diesem Irrtum abweichen?

GOTT: Ich bin bei und in allen Menschen. Meine Heimat bist du und ist dein Herz. Ich segne dich, der du diesen Worten folgst und der du diese Worte in dein Herz einlässt, damit sie dich erfüllen und dein Leben segnen können.

VON OFFENBARUNGEN

Offenbarungen haben unterschiedliche Qualitäten und werden jenen gegeben, die dafür bereit und offen sind. Dies geschieht auf eine Weise, wie sie der einzelne Mensch, der Prophet, in sich selbst verwalten, verkraften und verankern kann.

Die ganze Wahrheit offenbart sich selten einem Menschen, solange er Mensch ist. Es ist zu viel, es würde den Energiekomplex Mensch überlasten.

Deshalb werden jedem Menschen die Offenbarungen geschenkt, für die er bereit ist – und das ist in jedem

Falle ausreichend, um die Menschen, die erreicht werden sollen, zu weiteren Entwicklungsschritten zu inspirieren.

Falsche Propheten sind die, die bewusst falsche Botschaften verbreiten – aber nicht die, die sich auf authentische und wahrhaftige Selbsterfahrungen berufen. Solche Menschen haben immer große Aufträge und sie erfüllen sie genau dadurch, indem sie wiedergeben, was ihnen geschenkt wurde.

Jetzt zu deinen Fragen, was den Irrtum um die nicht vorhandene Wiedergeburt des Menschen betrifft und was den Irrtum – Gott sei strafend und der Mensch wird leiden für seine Irrtümer – anbelangt.

GIBT ES EINEN STRAFENDEN GOTT?

Das Bild eines strafenden Gottes ist tief in diese Erd-Matrix eingeschrieben. Es ist die Ur-Angst, die ehemals von negativ wirkenden außerirdischen Mächten den Menschen eingepflanzt wurde, um die Menschen zu beherrschen. Denn wer dem Menschen glaubwürdig ein einziges Leben als „Richtschnur" verkauft und mit dem Leid im Jenseits droht, der hat den Menschen ganz in der Hand. Kirchen erfüllten oft diese Funktion und waren weit davon entfernt, den Menschen eine wirkliche Hilfe, ein Licht in der Finsternis zu sein.

Diese Kraftfelder wirken bis in die heutige Zeit hinein und immer noch bedienen sich die Menschen dieses Gottesbildes.

JJK: Ich denke mir, dass Abraham, der seinen Sohn Isaak Gott opfern sollte, ganz einfach unter dem Einfluss der falschen archontischen Götter stand. Ein Menschenopfer kannst Du, Gott, von niemandem wollen. Oder?

GOTT: Das einzige „Opfer", das der Mensch bringen muss, ehe er vollkommen zu mir zurückkehren kann, ist die Aufgabe aller tief schwingenden menschlichen Programme. Was in den vielen Leben angesammelt wurde, muss am Ende aufgelöst werden. Dann ist der Weg zu mir frei – und dies ist insofern ein „Opfer", als dass sämtliche Konzepte über Bord zu werfen sind und dass das Ego aufgelöst werden muss. Beides ist oft mit Schmerzen verbunden.

Dieses Leid besteht so lange, bis der Mensch für neue Einsichten bereit ist und bis er loslässt.

JJK: Ich habe Kinder und ich denke mir, dass ich niemals wollen könnte, dass die Kinder leiden, gleich, was sie auch „anstellen". Vergebung ist der Schlüssel für alles. Natürlich bin ich auch froh, wenn die Kinder mir meine Irrtümer vergeben.

Das heißt, auf menschlicher Ebene wird durch die Vergebung, durch Güte oder Mitgefühl, alles sehr schnell in Harmonie gebracht. Auf kosmischer Ebene sollte Gott SEINE Kinder bestrafen, wenn sie sich nicht gefällig verhalten oder sich selbst das Leben schwer machen?

Zusätzlich finden wir auf dieser Erde oftmals sehr schwierige Lebensbedingungen für die geistig-seelische Entfaltung vor. Die vielen Manipulationen auf unterschiedlichen Ebenen treiben die Menschen zum Wahnsinn – und dann sollte der Mensch im Jenseits für seine „falschen Aktivitäten" einer einzigen Verkörperung erneut leiden? Wenn es so ein kosmisches Gesetz oder so einen Gott gibt, dann möchte ich mit all dem nichts zu tun haben!

JEDER MENSCH HAT EIGENE GOTTESBILDER

GOTT: Mit diesem Gott hast du auch nichts zu tun – dieses Gottesbild ist überwunden. Es ist wichtig zu verstehen, dass ein jeder Mensch seine eigenen Gottesbilder hat und auch braucht.

JJK: Aber was, wenn jemand sagt, er beziehe sich auf Visionen und direkte Gotteserfahrung – wie ich zum Beispiel, indem ich Botschaften, Klarträume und Eingebungen erhalte?

GOTT: Jedem wird das gegeben, wofür er maximal bereit ist. Was einen Menschen überfordert, wird von der göttlichen Quelle so lange zurückgehalten, bis der Mensch sich für den nächsten Schritt öffnet. Göttliches wird Stufe um Stufe gegeben – und dennoch können solche Menschen große göttliche Erfahrungen haben.

JJK: Mir kommen die Mutter-Gottes-Erscheinungen in Fatima, Lourdes oder Medjugorje in den Sinn. Auch dort wird immer von der Heiligen Katholischen Kirche gesprochen, JESUS ist am Kreuz gestorben und die Päpste bleiben sakrosankt.

GOTT: Beispiele, wie Gott und die göttlichen Heerscharen, wirken. Es wird gegeben, was den Menschen, die erhalten sollen, am besten dient: nicht mehr, nicht weniger – weder zu früh noch zu spät.

JJK: Also einen Gott, der uns leiden lässt, gleich wo, gibt es nicht.

GOTT: Wie könnte Gott etwas tun, was ohne Liebe ist? Oder andersrum – welchen Gott du wählst, dessen Gesetze wirken sich eine Zeit lang auf dich aus.

GIBT ES DIE WIEDERGEBURT DES MENSCHEN?

JJK: Und die Wiedergeburt des Menschen? Welche Antwort gibt es für jene, die daran zweifeln?

GOTT: Darauf gibt es keine Antwort von mir, sondern es ist eine Frage, die sich ein jeder Mensch selbst beantworten kann. Hier gilt es, sich Schritt für Schritt der Wahrheit zu nähern – und es ist leicht, sich aus der Glaubensmatrix zu lösen, wenn die Dinge mit dem Verstand zu Ende gedacht, mit dem Herzen zu Ende erkannt und mit den Geist zu Ende erfasst wurden. Diese Zweifel könnt nur ihr selbst euch nehmen – und dafür gilt es, die unterschiedlichen Ebenen, auf denen der Zweifel beruht, zu erkennen und zu transformieren.

JJK: Das heißt, für das Leiden im Diesseits oder im Jenseits ist der Mensch selbst verantwortlich. Manchmal habe ich ohnedies den Eindruck, eine Hölle brauchen wir nicht, da sie auf Erden existiert – bei dem, was die Menschen sich selbst und anderen antun...

GOTT: Es gibt Orte, die als Hölle bezeichnet werden können – und immer, wenn Menschen radikale und komplexe lichtlose Erfahrungen machen, durchschreiten sie diese Ebenen der Finsternis. Danach erheben sie sich, dann beginnt der Weg zurück, die Orientierung nach dem Licht.

Nur die wenigsten Menschen verlieren sich ganz in diesem Spiel. Aber auch für diese gibt es ein „Zurück", indem sie als unbewusster Teil zur Quelle zurückkehren und nach einer bestimmten Zeit in den Kreislauf eines Lebens auf Erden zurückkehren. Sie beginnen bei Null einen neuen Kreislauf ihrer Existenz als Mensch.

Es ist wahrlich für alle und für alles gesorgt und die göttliche Gnade kennt keine Beschränkungen – und obwohl diese Gnade von den Menschen nur durch reine Hingabe erworben werden kann, steht sie allen Menschen unbegrenzt zur Verfügung.

Bedenkt bitte dies: Ihr seid große Engel des Lichts und als solche unendliches Bewusstsein. Ihr seid Geistwesen, die sich im menschlichen Körper auf der niedrig schwingenden Existenzebene der dritten Dimension erfahren. Für diese Erfahrungen wird euch reichlich Zeit gegeben, und selbst die intensivsten Erfahrungen in der Finsternis, wodurch Hass und Schmerz kreiert werden, erfüllen einen tiefen Sinn: Licht, das sich in der Dunkelheit erfahren kann.

Das ist das Wesen, der Sinn eurer Existenz.
Die Rückkehr in das Licht beginnt für jeden Menschen an dem Tag, an dem er entscheidet, sich von der Finsternis abzuwenden und ins Licht zurückkehren zu wollen!

Bis zu diesem Entschluss stehen euch viele Leben bereit, denn niemals ist es einem Menschen möglich, in einem einzigen, kurzen Leben Vollkommenheit zu erlagen.

JJK: Von SANAT KUMARA wird berichtet, dass ER 17 Leben als Mensch unter uns weilte, eher ER als planetarer Logos zu wirken begann.

GOTT: Dein Herz ist mein Tempel. Ist dieser Tempel gereinigt, dann kannst du das Licht Gottes fassen. Diese Reinigung ist ein Prozess, bei dem die Erkenntnisphasen nach und nach durchlaufen werden – und dafür wechselt der Mensch so lange seine Kleider, bis er das Interesse daran verliert und bis alle ausgetragen sind.

Wir beschließen diese Zusammenkunft im Lichte GOTTES, DER ICH BIN.

Gehet hin und lebt! Lebt euer Leben!
Lebe dein Leben – mit deinen Erkenntnissen und mit deinem Wachstum.

Ich bin bei dir und meine Wohnung ist dein Herz. Der Tag, an dem dir das voll bewusst wird, ist dein letzter Tag auf dieser Welt.

GOTT

(1) Bibel, Matthäus 17:

1 Und nach sechs Tagen nimmt Jesus den Petrus und Jakobus und Johannes, seinen Bruder, mit und führt sie auf einen hohen Berg.

2 Und er wurde vor ihnen umgestaltet. Und sein Angesicht leuchtete wie die Sonne, seine Kleider aber wurden weiß wie das Licht;

3 und siehe, Moses und Elija erschienen ihnen und unterredeten sich mit ihm.

4 Petrus aber hob an und sprach zu Jesus: Herr, es ist gut, dass wir hier sind. Wenn du willst, lass uns hier drei Hütten machen, dir eine und Moses eine und Elija eine.

5 Während er noch redete, siehe, da überschattete sie eine lichte Wolke, und siehe, eine Stimme kam aus der Wolke, die sprach: Dieser ist mein geliebter Sohn, an dem ich Wohlgefallen gefunden habe; ihn hört.

6 Und als die Jünger es hörten, fielen sie auf ihr Angesicht und fürchteten sich sehr.

7 Und Jesus trat herzu, rührte sie an und sprach: Steht auf und fürchtet euch nicht.

8 Als sie aber ihre Augen aufhoben, sahen sie niemand als Jesus allein.

9 Und als sie von dem Berg herabstiegen, gebot ihnen Jesus und sprach: Sagt niemand von dem, was ihr gesehen habt, bis der Sohn des Menschen von den Toten auferstanden ist.

10 Und [seine] Jünger fragten ihn und sprachen: Was sagen denn die Schriftgelehrten, dass Elija zuerst kommen müsse?

11 Er aber antwortete und sprach zu ihnen: Elija kommt [zuerst] und wird alle Dinge wiederherstellen.

12 Ich sage euch aber, dass Elija schon gekommen ist, und sie haben ihn nicht erkannt, sondern an ihm getan, was irgend sie wollten. So wird auch der Sohn des Menschen von ihnen leiden.

13 Da verstanden die Jünger, dass er von Johannes dem Täufer zu ihnen sprach.

Weist das Böse durch das Gute in die Schranken und wenn es vor euch nicht haltmacht, dann wehrt euch mit allen gebotenen Mitteln dagegen. Jedoch bleibt niemals Gefangene des Hasses oder Sklaven der Vergeltung.

JESUS CHRISTUS

OHNE DIE LIEBE IST ALLES UMSONST

GESPRÄCH MIT
JESUS CHRISTUS

ES IST EIN LANGSAMES ERWACHEN
DER NULLPUNKT UND DIE LETZTE GELEGENHEIT
ZUR UMKEHR
VERGEBEN, ANSTATT ZU VERURTEILEN
WIE WIRD LIEBE ERLANGT?

05. JULI 2018

„Wenn einer alle Sprachen der Menschen und sogar der Engel spricht, aber keine Liebe hat, ist er doch nur ein dröhnender Gong oder eine lärmende Pauke. Wenn einer göttliche Eingebungen hat und alle Geheimnisse Gottes kennt, wenn er den Glauben hat, der Berge versetzt, aber ohne Liebe ist, hat das alles keinen Wert. Wenn einer seinen ganzen Besitz verteilt und den Feuertod auf sich nimmt, aber die Liebe nicht hat, ist alles umsonst."
(Bibel, Korinther 13, 1-3)

JJK: Für mich eine der tiefgründigsten und schönsten Parabeln der Bibel. Ist es das, worauf es bei allen Bestrebungen des Menschen ankommt?

JESUS CHRISTUS: Ich bin die Liebe, ich bin das Licht und ich bin das Leben. Dieses Bewusstsein ist es, worauf es ankommt und wovon sich heute immer mehr Menschen angezogen fühlen. Deshalb gelingt es den Menschen zunehmend, falsche Propheten zu erkennen und hinter den Worten, hinter den Erscheinungen und hinter den Wundern die tatsächlichen Motive eines Menschen zu erkennen.

ES IST EIN LANGSAMES ERWACHEN,

das auf der Erde eingesetzt hat und das immer mehr Menschen zu neuen Gedanken und neuen Sichtweisen befähigt. Die Aufklärungs- und Lichtarbeit ist nicht umsonst gewesen und war es niemals.

Dennoch habt und hattet ihr den Eindruck, dass zu viele Menschen weiterschlafen und zu viele Menschen diesen Umbrüchen wenig abgewinnen können. Ein Eindruck, der sich in der kommenden Zeit noch verstärken kann, da jene Kräfte, die diese Illusion aufrechterhalten, mit allen Mitteln um ihren Weiterverbleib auf dieser Erde ringen.

Dieser Weiterverbleib ist ihnen nur dann möglich, wenn alles beim Alten bleibt und wenn sich die Schwingung auf dieser Erde nicht weiter erhöht. Das bedeutet, ehe es licht wird, ehe Frieden ist und die Menschheit sich mit dem dunklen Zeitalter ausgesöhnt hat, wird versucht, die Menschen mit aller Gewalt vom weiteren Erwachen abzuhalten.

Viele Ebenen des menschlichen Zusammenlebens werden in eine bestimmte Richtung manipuliert und der bedeutendste Faktor dabei ist, den Menschen von der Fähigkeit der Liebe fernzuhalten.

Erwachen heißt, die Liebesfähigkeit zurückerlangen – die bedingungslose Liebesfähigkeit des einzelnen Menschen ist zugleich seine Eintrittskarte in den Himmel auf Erden.

Davon sollt ihr durch das Aufrechterhalten von Angst und das Niedrighalten der planetaren Grundschwingung abgehalten werden.

JJK: Wie findet das statt?

JESUS CHRISTUS: Durch unterschiedliche Beeinflussungen der Luft, des Wassers, des Erd- und Pflanzenreiches und des Tierreiches des Planeten. Auf allen Gebieten wird Magnetismus eingesetzt, dies sind niederfrequentige Strahlen, die alles Leben in einer niedrigen Schwingung halten.

JJK: Wird dieses Tun enden – oder wie wird es enden?

JESUS CHRISTUS: Es gibt einen Punkt, der, sobald er erreicht ist, diese Energiefelder der Manipulation in einem einzigen Augenblick zerstört. Das ist der Tag, der euch oftmals angekündigt wurde. Der Tag, an dem der Nullpunkt erreicht ist und die Erde von Grund auf neu aufgeladen, das heißt, mit der Frequenz der 5. Dimension „bespielt", wird.

JJK: Ist das der Tag, an dem sich die Pole wenden und wir zwei Sonnen am Himmel sehen werden?

DER NULLPUNKT UND DIE LETZTE GELEGENHEIT ZUR UMKEHR

JESUS CHRISTUS: Nicht nur das. An diesem Tag bleibt die Zeit stehen und jeder Mensch erhält die letzte Gelegenheit zur Umkehr. An diesem Tag wird die Liebe Gottes für alle Menschen erfahrbar und die einzelnen Menschen können diese zurückweisen oder annehmen. An diesem Tag enden alle Spiele der Dunkelmächte und Satan verlässt für immer diese Ebene des Seins – und dieser Tag ist nahe.

JJK: Und bis dahin? Wie können wir durchhalten, so der Druck zunimmt und der Schleier der Illusion für die meisten Menschen dichter wird?

JESUS CHRISTUS: Indem ihr durch eine direkte Verbindung zu mir und zu Gott weitgehend unbeeinflusst bleibt von diesen Übergriffen. Das heißt nicht, dass ihr niemals geschwächt werden könnt. Nein! Das heißt, dass ihr ungebetene Gäste, Energievampire und archontische Attacken immer überstehen werdet, mit dem Resultat, dass euch die Allgegenwart Gottes immer bewusster wird.

Als zweiter Punkt sei gesagt, lasst euch weder von euren eigenen noch von den Ängsten im außen provozieren, sondern betrachtet, ohne die Wahrheit zu leugnen, alles durch die Brille der Liebe.

JJK: Was heißt das genau?

VERGEBEN, ANSTATT ZU VERURTEILEN

JESUS CHRISTUS: Dass ihr allen und jedem vergebt - innerlich bereit zu sein, alles zu vergeben, auch wenn ihr eine Tat nicht gutheißt.

JJK: Auch solche Verbrechen wie Kindesmissbrauch, wie den künstlich erzeugten Hunger in der Welt oder wie Kriege, in die die Menschen gehetzt werden? Manchmal kapituliere ich davor und es steht mir vieles im Sinne, um die, die das tun, zur Verantwortung zu ziehen - nur nicht die Vergebung.

JESUS CHRISTUS: Diese Menschen werden zur Verantwortung gezogen - auf dieser und auf der anderen Welt - weder ist es an euch, dieses Urteil zu sprechen noch es zu vollstrecken.

Weist das Böse durch das Gute in die Schranken und wenn es vor euch nicht haltmacht, dann wehrt euch mit allen gebotenen Mitteln dagegen.

Jedoch bleibt niemals Gefangene des Hasses oder Sklaven der Vergeltung.

WIE WIRD LIEBE ERLANGT?

Liebe verdrängt nichts, blickt auf alles unverwandt hin und übt Vergebung, wenn die Zeit dafür gekommen ist. Das ist die Liebe, die eingangs beschrieben ist. Bei allem Unrecht auf dieser Welt: Um diese Liebe geht es, damit dein Leben auf Erden keine karmischen Spuren hinterlässt.

Darauf gilt es das ganze Handeln abzustellen. Damit das möglich wird, ist es gut, das Licht der Meditation, die Kraft des Gebetes und die Nähe zu Gott in jedem Augenblick zu suchen. Dann bist du am rechten Pfad und du wirst den Tag, der auch in der äußeren Welt alles verändert, in innerem Frieden abwarten können.

Mit dieser Botschaft segne ich dich, der du diese Worte aus einer hoch schwingenden Ebene des Seins, aufnimmst. Sie heben dich empor und bringen dich dem Lichte Gottes näher.

Ich bin die Erlösung, damit du dich erlösen kannst.
Ich bin die Liebe, damit du lieben kannst.
Ich bin das Licht, damit du licht wirst.

Ich bin
JESUS CHRISTUS

Sobald die Verwirklichung ein
bestimmtes Maß erreicht hat,
tritt das göttliche Bewusstsein
des Menschen hervor,
es schält sich heraus, wie eine
Kastanie im Herbst die Schale
abwirft und zu Boden fällt.

JESUS CHRISTUS

KANN ERLEUCHTUNG DURCH ANSTRENGUNGEN ERLANGT WERDEN?

GESPRÄCH MIT

JESUS CHRISTUS

REBELLION DES VERSTANDES
WAS IST VERTRAUEN?
ANSTRENGUNGEN ODER KEINE ANSTRENGUNGEN UNTERNEHMEN?

30. JULI 2018

REBELLION DES VERSTANDES

„Logik hilft Ihnen dabei nicht weiter. Ihre Probleme rühren daher, dass Ihnen das Vertrauen fehlt. Ist das Vertrauen groß genug, hilft es Ihnen hindurch. Ist es das nicht, rebelliert der Verstand in einem fort…"
(Bhai Sahib zu Irina Tweedie. Aus dem Buch „Der Weg durchs Feuer – Tagebuch einer spirituellen Schulung durch einen Sufi-Meister", S. 503)

JJK: „Vertrauen" ist der Inbegriff jeder spirituellen Schulung, aber was beinhaltet dies? Worin ist dieses „Vertrauen" beschrieben? Die Menschen verwenden diesen Begriff sehr häufig und viele spirituelle Lehrer beziehen sich darauf. Was können wir darunter wirklich verstehen und wie können wir den Verstand beruhigen, damit er dann, wenn wir unerklärliche Handlungsweisen an den Tag legen, nicht rebelliert?

JESUS CHRISTUS: „Vertrauen" ist und kann dem Verstand nicht erklärt werden. „Vertrauen" ist das Ergebnis der spirituellen Schulung und ist beim Schüler am Beginn nicht vorhanden.

Wäre es anders, dann bedürfte es keiner spirituellen Schulung, denn wer vertraut, ist angebunden an Gott oder wie immer du die Quelle allen Lebens bezeichnest.

Vertrauen wird gebildet und tritt nach und nach ein – dann ist es einfach für den Verstand zurückzutreten. Denn tief verwirklichtes Gottvertrauen, das Vertrauen in Alles-Was-Ist, wirkt sich auf den Verstand indem aus, indem er schweigt und sich selbst beruhigt.

Wahre Meister kennen keine Rebellion des Verstandes, sie sind eins mit sich selbst, in sich selbst und mit der Welt. Nichts bringt diesen inneren Frieden durcheinander oder könnte ihn stören. Alles befindet sich am richtigen Platz. Der Verstand ist dort, wo er gebraucht wird, und der seelisch geistige Komplex des Menschen hat Ruhe und kann sich entfalten.

Störungen gibt es nur dort, wo der Mensch im Ungleichgewicht ist, wo der Mensch aus seiner Ganzheit gefallen ist.

Der Weg in die Einheit ist nur spirituellen Suchern vorbehalten, jenen Menschen, die ihr Gottvertrauen zurückerlangen wollen und dafür alles einsetzen. Daher kommt einer spirituellen Schulung so viel Bedeutung zu. Dabei ist es gleich, ob ihr diese mit einem leibhaftigen Meister beschreitet oder ob ihr von den geistigen Ebenen des Lichts direkt angeleitet werdet. Wichtig ist die Bereitschaft des Menschen, alles dafür einzusetzen und aufzugeben. Dann ist der Erfolg gewiss und die Rebellion des Verstandes kann aufhören.

WAS IST VERTRAUEN?

Nun zu deinen Fragen, die ich in einer einzigen Frage zusammenfasse: „Was ist Vertrauen?"

Vertrauen ist die Abwesenheit von Zweifel und die spürbare Anwesenheit Gottes in deinem Leben.

Alles, was dir das Leben beschert, als Geschenk zu erleben und in allem die Richtigkeit göttlichen Wirkens zu erkennen. Das steht am Ende einer spirituellen Schulung und an deren Beginn steht die Bereitschaft des Menschen, diesen Weg entschlossen anzutreten.

JJK: Das heißt, ab einem bestimmten Punkt der spirituellen Entwicklung schweigt der Verstand von alleine, er beruhigt sich einfach …

JESUS CHRISTUS: So ist es. Der Verstand wird ausgeschaltet – wie ein Schalter, der umgelegt wird. Es geschieht nach und nach. Es ist die einfachste Sache der Welt.

ANSTRENGUNGEN ODER KEINE ANSTRENGUNGEN UNTERNEHMEN?

„Wie können göttliche Dinge über Anstrengung erlangt werden? Sie werden GEGEBEN, EINGEFLÖSST … (…)

Göttliche Dinge können nicht erzwungen werden, wie rechtschaffen und korrekt die Haltung... auch immer sein mag. Sie werden einem geschenkt, sind eine Gnadengabe. (...) Man kann Gott nicht zwingen."
(Bhai Sahib zu Irina Tweedie. Aus dem Buch „Der Weg durchs Feuer – Tagebuch einer spirituellen Schulung durch einen Sufi-Meister", S. 503)

JJK: Wie ist das zu verstehen, einerseits kann nichts über „Anstrengung" erlangt werden und andererseits gilt es, für den spirituellen Pfad bedingungslos bereit zu sein und keine Anstrengungen zu scheuen?

JESUS CHRISTUS: Wenn der Schüler begriffen hat, dann fällt jedes Wollen ab – Anstrengung verwandelt sich in Verstehen.

Sobald eine spirituelle Schulung vom Schüler verstanden wird, ist für den Lehrer und Schüler alles leicht. Sobald ein Mensch versteht, was Transformationsarbeit ist, wie sie abläuft und auf welche Weise das Wirken Gottes sichtbar wird, geschieht es von selbst, da kein Widerstand mehr vorhanden ist. Dann ist der Weg zum bedingungslosen Gottvertrauen geebnet.

Der Widerspruch, den du in deiner Frage aufwirfst, existiert nur so lange, solange du Angst vor der Wahrheit hast, solange du Angst vor deiner Transformation hast und deine inneren Dämonen nicht aufwecken möchtest, da dies dein Leben durcheinanderbringen könnte.

Solange ein Mensch die alten Sicherheiten um alles in der Welt bewahren möchte, kann keine Entwicklung stattfinden.

Die Anstrengung besteht allein darin, obwohl der Verstand rebelliert, einen Anfang zu machen und sich dann Schritt für Schritt weiterzubewegen. Der spirituelle Pfad wird nämlich mit jedem Schritt einfacher und nicht schwieriger.

Es ist ein Irrtum, zu glauben, dass Erleuchtung durch Anstrengung erreicht wird. Erleuchtung wird durch Hingabe erlangt – und Hingabe tritt nach und nach ein.

Sobald die Verwirklichung ein bestimmtes Maß erreicht hat, tritt das göttliche Bewusstsein des Menschen hervor, es schält sich heraus, wie eine Kastanie im Herbst die Schale abwirft und zu Boden fällt.

Dieser Reifungsprozess ist immer abzuwarten und wird oft als „Anstrengung" erlebt. Ich sage euch:

Anstrengend ist die eigene Transformation für jene Menschen, die sich innerlich dagegen sperren, auch wenn ihre Lippen JA sagen.

Wer sich dafür öffnet und bereit ist, tief in seine Seele zu blicken oder blicken zu lassen, der kennt keine Anstrengung, sondern dem ist jede Heilung willkommen und das Licht wird freudig begrüßt.

JJK: Wie ich es verstehe, ist es so, dass Gott dann gibt, sobald ein Mensch dafür innerlich bereit ist.
Stimmt das so?

JESUS CHRISTUS: ***Göttliche Gnade wird dem „eingeflößt", der ihrer würdig ist – und würdig ist der, der in seinem Herzen dafür Platz schafft, der, der für Gottes Wirken in seinem Leben bereit ist. Das heißt, für Veränderungen bereit zu sein und nicht am alten Leben festzuklammern. Innen wird außen, denn wer sich innerlich verwandelt für den ändert sich das ganze Leben.***

Mit dieser Botschaft überlasse ich dich, der du diesen Worten folgst, deinen eigenen Überlegungen und ich sage dir: Erst jenseits davon liegt die Erkenntnis.

In unendlicher Liebe

JESUS CHRISTUS

Niemand kann von dem,
was ihn innerlich antreibt,
abgehalten werden. Wer einen
Umweg wählt, der braucht diese
Lektion noch, anderenfalls würden
diese Menschen ganz andere
Entscheidungen treffen.

SAI BABA

ES GIBT KEINE INSTANT-ERLÖSUNG!

GESPRÄCH MIT

SAI BABA

SCHNELLE ERLÖSUNG IST ESOTERISCHER UNSINN
SCHEINTRANSFORMATION UND IRRTÜMER
DIE GURUS DIESER ZEIT
DAS WESEN DER TRANSFORMATION
UMWEGE UND FALSCHE WEGE
TRANSFORMATIONSARBEIT – EIN „LUXUSPROBLEM“?

16. AUGUST 2018

SCHNELLE ERLÖSUNG IST ESOTERISCHER UNSINN

JJK: Derzeit stoße ich vermehrt auf die Annahme, dass man nicht unbedingt zu wissen braucht, was genau transformiert wird. Es beginnt sich der Glaube durchzusetzen, dass man einfach alles dem göttlichen Lichte oder der „Quelle“ zu übergeben braucht – und es ist erlöst. Implantate werden zerstört, Flüche und Schwüre aufgehoben, Verträge wirkungslos gemacht, Fremdenergien entfernt oder Karma gelöst. Ich brauche nur der Quelle mit den richtigen Worten mein Anliegen vorzutragen und es geschieht.

Aus eigener Erfahrung weiß ich, dass das nur in seltenen Fällen so verläuft. Denn jede Heilung braucht Zeit, damit wir das, was erkannt ist oder was wir erlösen wollen, integrieren können. Zusätzlich gilt es meist die Themen zu kennen und oftmals ist es notwendig, nochmals durch einen Schmerz zu gehen. Dieser esoterische Unsinn, dass alles ganz leicht sei, verwirrt die Menschen. Doch die Menschen lieben diese Verwirrung, da es so einfach ist und sie sich nicht anzustrengen brauchen.

Was ist es, das die Menschen glauben lässt, dass sie ohne große Anstrengungen Erleuchtung oder Vollendung erreichen könnten?

Dabei fällt mir auch auf, dass vor allem Menschen, die mit ihrer Transformation am Beginn stehen, dazu tendieren, alles vorschnell dem Licht zu übergeben, ohne sich einen genaueren Überblick zu verschaffen. Es ist eine gefährlicher Irrtum, zu glauben, man könne sich das erneute Durchgehen durch Schmerzen ersparen. Natürlich werden immer wieder große „Pakete" erlöst – und nicht immer ist es wichtig, jedes Detail zu kennen. Grundsätzlich jedoch ist es wichtig zu sehen, was ist, damit sich das Bewusstsein weiten kann und damit ein tiefes Verständnis erworben werden kann.

Zusammengefasst: ***Schicht für Schicht, Ebene für Ebene wird im Transformationsprozess erkannt, angenommen, losgelassen und dem göttlichen Lichte übergeben. Instant-Lösungen führen die Menschen in die Irre und lassen sie nur frustriert zurück.***

SAI BABA: Geliebte Menschen, ich bin bei jedem Einzelnen von euch!

Du sprichst eine große Verwirrung, die zu langzeitigen Verirrungen führen kann, an.

Transformation braucht immer die absolute Bereitschaft des Einzelnen, auf die noch vorhandenen Schmerzen, Blockaden, Muster, Glaubenssätze, Meinungen und alles, was Blockaden verursacht, hellwach hinzublicken!

Dass Themen im „Paket", wie du es richtig beschreibst, erlöst werden können, ist ein kleiner Aspekt von Transformation, nicht aber die vorherrschende Methode, um heil zu werden.

Die Regel ist: Je tiefer ein Mensch in seine Transformation eingestiegen ist, desto öfter können „Pakete" erlöst werden. Solch ein Mensch hat bereits ein tiefes Verständnis über die Zusammenhänge erlangt und er benötigt daher nicht jedes Detail. Heilungen können dadurch auch „schmerzfrei" erlangt werden.

SCHEINTRANSFORMATION UND IRRTÜMER

Menschen, die jedoch am Beginn ihrer Transformation stehen, müssen zuerst ein Gefühl und ein Bewusstsein für diesen Prozess erwerben. Indem sie sich bedingungslos dafür öffnen und bereit sind, vollkommen in die Prozesse einzusteigen, ist das gewährleistet.

Auf wirklich alles hinblicken zu wollen, das ist der Weg.

Wer voreilig Themen, die noch nicht klar erkannt sind, dem göttlichen Lichte überantwortet, der täuscht sich selbst und dem antwortet das göttliche Licht, indem es untätig bleibt. Deshalb haben so viele Menschen, die nur eine „Schein-Transformation" betreiben, die Situation, dass sie ihre alltäglichen Probleme niemals loswerden. Sie sagen: *„Ich tue so viel und nichts ändert sich"*, dabei vergessen sie, dass dieses Tun nur halbherzig ist – und das Resultat kann nur sein, dass ihnen das Leben halbherzig antwortet.

Dass das göttliche Licht – ohne die Kenntnis des Menschen – Heilungen bewirkt, ist eine göttliche Tatsache. Dass ein Mensch für diese Gnade jedoch reif sein muss, ist ebenso eine Tatsache.

Deshalb betrügt euch nicht selbst. Transformation heißt, die Begegnung mit dir selbst zu suchen, dich selbst kennenzulernen und anzunehmen – was du warst und was du jetzt bist.

Durch Schmerzen zu gehen, ist dabei natürlich. Das ist oftmals unverzichtbar und kann manchmal vermieden werden.

Das heißt, auf die inneren Baustellen hinzublicken, ist zumeist keine erfreuliche Angelegenheit und wird deshalb so gerne umschifft.

JJK: Mich beschäftigt dieses Thema seit Wochen. Menschen in meinem nächsten Umfeld – aber auch Menschen, denen ich durch meine Arbeit begegne – neigen sehr dazu, diesen verführerisch leichten Weg zu gehen. Es ist einfach nicht „in“, an sich selbst zu arbeiten. Heute muss alles schnell gehen, am besten sofort, alles soll einfach sein und leicht zu erreichen. Dieser Trend, das Tempo der äußeren Welt, hat die Esoterik-Szene voll erreicht. Immer mehr „Meister“ treten in Erscheinung, die dir sagen: „Alles sei leicht!“ Damit liefern diese „Gurus“ den Menschen das beste Argument für eine „Scheintransformation“. Das heißt, sie geben ihnen die passende Ausrede dafür, nicht tiefer zu graben oder in sich zu leuchten. Das Unterbewusstsein nimmt diese Gelegenheit natürlich gerne wahr und schon kommt ein Mensch vom ursprünglichen Weg ab und geht in die Irre.

SAI BABA: Der Teufel liegt wahrlich im Detail. Während der einzelne Mensch glaubt, voll in seiner Transformation zu stehen, generiert er durch diese falsche Vorstellung nur weitere Irrtümer. Das Wort „Transformationsarbeit“ können viele Menschen heute nicht mehr hören. Sie haben genug davon und sie verlangen einfachere Lösungen; und diese werden – auch wenn sie wirkungslos sind – angeboten. Es ist keine Steigerung im Erkenntnisprozess, sondern ein Rückschritt.

Menschen, die einen leichten Weg gehen wollen, die manches überspringen wollen, was nicht übersprungen werden kann, wählen einen Umweg.

JJK: Welche Rolle spielen hier die „Gurus dieser Zeit"? Menschen, die Menschen anleiten und ihnen solche Informationen geben – solche „Meister" haben enormen Zulauf, was nur allzu verständlich ist, denn wer den Menschen Gründe liefert, um nicht hinblicken zu müssen, ist natürlich attraktiv.

DIE GURUS DIESER ZEIT

SAI BABA: Meister oder Gurus haben eine äußerst wichtige Rolle, wenn sie die Menschen auf die dunkle Nacht der Seele vorbereiten – und indem sie den Einzelnen mit seinen eigenen Themen konfrontieren und ihm als Spiegel dienen, geschieht dies. Ohne Rücksicht auf Eigeninteressen dienen Verwirklichte den Menschen.

Eine sehr bedenkliche Rolle spielen Gurus dann, wenn sie scheinbare Weisheiten verbreiten und selbst noch nicht den Zustand der Verwirklichung erreicht haben. Wer selbst noch nicht gelebt hat, kann niemandem etwas über das Leben erzählen, und wer selbst noch nicht erleuchtet ist, kann niemanden dahin führen. Diese Guru-Schüler-Beziehungen spielen sich auf dieser Ebene ab: Nicht-verwirklichte Gurus ziehen Schüler an, die die Verwirklichung erst gar nicht anstreben – und beide Seiten gehen Umwege.

Erleuchtung ist am Ende ganz einfach, der Weg dahin ist jedoch von sehr vielen Herausforderungen und Aufgaben, von Schwierigkeiten und Momenten des Zweifels bis hin zur Selbstaufgabe geprägt.

JJK: Ich habe spontan ein Buch aufgeschlagen, da ich wusste, dass du mir auch dadurch eine Antwort geben wirst. Per Zufallsprinzip schlage ich eine Seite auf und lese: *„Das, was am Boden ist, sollte erhoben werden…"*

SAI BABA: *„Erhoben"* kann etwas nur werden, wenn man bereit ist, sich zu bücken!

Der *„Boden"* beschreibt die tief liegenden, offenen Themen eines Menschen. Dahinunter gilt es zu blicken, diese anzusehen, aufzuheben und anzunehmen. Was gehört noch in mein Leben? Das herauszufinden, ist spannend und dafür müssen die Dinge einzeln betrachtet werden. Wenn du in einem Kleiderschrank Ordnung machst, dann nimmst du jedes Stück einzeln in die Hand, du schaust es dir an und du entscheidest, ob du es weggibst oder weiterverwendest. Passt das noch zu dir? Mit dem Lösen von Mustern, Glaubenssätzen und Blockaden ist das genauso. Du blickst dahin und entscheidest, was gehen soll und was du noch behalten möchtest. Transformationsarbeit bedeutet, aufmerksam zu betrachten – es ist eine wahrhaftige Bestandsaufnahme von allen Sachen, die im Kasten sind.

Diese Arbeit wollen nur die Wenigsten auf sich nehmen und so haben sie Ausreden parat, damit sie sich ihr eigenes Versagen, ihre Bequemlichkeit oder ihren Unwillen nicht eingestehen müssen.

JJK: Ich habe oft den Eindruck, dass nur die Wenigsten das Wesen der Transformation verstehen.

SAI BABA: Die, die bereit sind, verstehen, die, die Umwege in Kauf nehmen, stellen sich taub, blind und dumm.

JJK: Was ist das Wesen der Transformation? Kannst du den Menschen dies erläutern?

DAS WESEN DER TRANSFORMATION

SAI BABA: ***Transformation ist verstanden, sobald der Mensch begreift, dass er während des Prozesses bereit sein muss, alles zu hinterfragen – und wenn nötig – alles aufzugeben. Wer sich seine Transformation vom Verstand diktieren lässt, kommt nicht weit.***

Die innerliche Bereitschaft, alles zu verändern, das zeichnet einen wahren Adepten aus – alles „Denkmögliche" zu akzeptieren und alles Unmögliche anzunehmen.

JJK: Manchmal ist es schwer, etwas aufzugeben, wenn sich noch keine neue Lösung zeigt – wenn die Lücke noch nicht gefüllt ist. Wie ist damit umzugehen? Viele sagen sich dann: *„Lieber den Spatz in der Hand als die Taube auf dem Dach?“*

SAI BABA: Oftmals wollen Menschen beides – ihre Sicherheiten so lange zu behalten, bis Ersatz da ist. Der Verlauf einer Transformation ist jedoch immer an das Thema, das du jetzt erlösen sollst, gekoppelt. Fehlt dir Gottvertrauen, dann wirst du eine Zeit lang keinen „Ersatz“ für etwas, was du hergeben sollst, finden. Diese „Leere“ ist eine der wichtigsten Momente bei diesem Prozess. Hindurchzuschreiten, ohne zu wissen, was morgen ist, alle Ängste bewusst wahrzunehmen, führt dazu, dass das Gottvertrauen wächst. Deshalb wird nicht immer jede „Lücke“ sofort aufgefüllt – manchmal braucht es Zeit. Ich spreche von den vielen einzelnen Begegnungen mit deinen Schatten – das ist Transformation.

UMWEGE UND FALSCHE WEGE

JJK: Was kann ich jenen Menschen, die meinen, Transformation käme weitgehend ohne eigenes Zutun aus, da das göttliche Licht alles von allein bewirke, sagen. Viele Menschen kommen zu mir und wenden sich an mich.

Ich sehe ihre Probleme und ich glaube auch recht genau einschätzen zu können, wo sie derzeit in ihrer Entwicklung stehen.

Aber was soll ich sagen, wenn ich sehe, dass viele in die falsche Richtung tendieren und noch mehr schon den falschen Weg eingeschlagen haben? Ich spreche bewusst vom „falschen Weg", da ich weiß, dass manche Menschen geboren wurden, um in eine andere Richtung zu gehen. Vor allem, wenn die Menschen mir nahe sind, ist das besonders kompliziert und schmerzlich.

SAI BABA: ***Jedem Menschen kann nur das offenbart werden, was sein Herz zu fassen bereit ist.***

Das erkennst du augenblicklich. Deshalb gibt es für dich nichts weiter zu tun, als von Situation zu Situation, von Moment zu Moment und von Mensch zu Mensch die erforderlichen Antworten zu geben.

Niemand kann von dem, was ihn innerlich antreibt, abgehalten werden. Wer einen Umweg wählt, der braucht diese Lektion noch, anderenfalls würden diese Menschen ganz andere Entscheidungen treffen. Ein „Umweg" kann eine Hilfe sein. Einen „falschen Weg" beschreiten jene, die ihre Aufträge leugnen, obwohl sie sich derer durchaus bewusst sind.

Dies gilt es, auch wenn es schwer ist, zu akzeptieren. Dass es dann, wenn es Menschen in deinem nächsten Umfeld betrifft, besonders schwer ist, liegt auf der Hand. Es ist jedoch eine Tatsache, dass je näher dir ein Mensch ist, umso größer deine Scheu ist, mit der Wahrheit diesen Menschen zu verschrecken.

Deshalb, warte auf den richtigen Moment, in dem sich die Menschenherzen für die Wahrheit öffnen – und dann fungiere als Spiegel. Mehr nicht, weniger nicht!

TRANSFORMATIONSARBEIT – EIN „LUXUSPROBLEM"?

JJK: Manchmal denke ich mir, dass unsere Transformationsarbeit und alles, was mit innerer Verwirklichung verbunden ist, „Luxusprobleme" darstellen. Wenn ich daran denke, dass rund 4 Milliarden Menschen akuten Hunger leiden, dass die Armut immer weiter zunimmt und immer mehr Menschen täglich um das nackte Überleben kämpfen müssen, dann besprechen wir hier wohl ein „Luxusproblem"?! Ist Transformation nur etwas für „wohlhabendere" Menschen? Arme haben ja einfach kaum Zeit dafür.

SAI BABA: Menschen, die im täglichen Überlebenskampf stecken, haben ganz andere Aufgaben auf dieser Erde.

Transformationsarbeit in dem hier ausgeführten Sinne ist für diese Menschen unmöglich, ereignet sich aber dennoch - sehr oft unter schwierigen Bedingungen, großen Entbehrungen und vieler Schmerzen.

Wer also geboren ist und Lebensumstände vorfindet, die eine bewusste Transformationsarbeit ermöglichen, ist gut beraten, dieses Leben dafür zu nutzen und es nicht zu verschwenden. Denn wer in Armut lebt und um das tägliche Überleben kämpft, der hat andere Prioritäten. Verschwendet eure „Talente" nicht, sondern vermehrt sie - und jeder Mensch erhält am Ende eines Lebens den Überblick darüber, wie er mit dem, was er auf die Erde mitgebracht hat, umging.

JJK: Wie sollen wir diesen Armen begegnen - vor allem, da diese Armut von wenigen „Super-Reichen" gemacht ist. Die Erde hätte für jeden Menschen mehr als genug zum Leben.

SAI BABA: Mitgefühl ist die reinste Form von Liebe - Hilfestellungen, wo immer es geht, um diesen Menschen ihr Joch zu erleichtern. Dort, wo Unrecht herrscht, kann ein Einzelner durch das tätige Mitgefühl eingreifen und das Unrecht lindern. Hunger und Elend können nur durch einen kollektiven Bewusstseinswandel beseitigt werden, denn es sind nicht nur die „Super-Reichen", die diese Zustände hervorrufen, sondern es sind die vielen Menschen, die diesen „Super-Reichen" nacheifern wollen. Dadurch wird das System kollektiv gestützt.

Um eine Verbesserung der Gesamtsituation zu erreichen, ist es wichtig, die eigenen Macht- und Mangelthemen zu lösen – und dies betrifft „Arme" und „Reiche" gleichermaßen.

Dennoch gilt es tätiges Mitgefühl zu leisten. Sucht euren Platz auf dieser Welt und wisset – niemand lebt für sich alleine. Hilfsaktionen, die keine Ersatzhandlung für eine vernachlässigte Transformation darstellen, sind eine Möglichkeit. Dieser Boden wird erst durch die Bewusstseinsarbeit fruchtbar.

In dieser Reihenfolge sollst du vorgehen:
Erlöse dich selbst, dann erlöst du die Menschheit.
Der umgekehrte Weg führt dich nirgendwohin.

Du bist der Weg, du bist der Wandel, du bist das Leben. Von dir geht alles aus – und in dir findest du, wonach du suchst: GOTT.

Wir beenden dieses Zusammensein für diese Botschaft.
Wir beenden unser Gespräch für jetzt.
Ich bin und ich bleibe bei euch.

SAI BABA

Heißt diese Zeit und die Tage,
die da kommen, willkommen.
Wandelt eure Herzen und heilt
auf allen Ebenen!

SANANDA

ETWAS GROSSES BEGINNT!

GESPRÄCH MIT
SANANDA

GRAVIERENDE VERÄNDERUNGEN
ERDE, WASSER, FEUER, LUFT UND ÄTHER
DIE KOSMISCHE FORMEL
DIE BESTE VORBEREITUNG

01. OKTOBER 2018

GRAVIERENDE VERÄNDERUNGEN

JJK: Ich habe heute das Gefühl, dass etwas ganz Neues beginnt!? Nicht nur bei mir oder in meinem Leben (vieles stellt sich um), sondern auf der Erde. Irgendetwas ist in Bewegung geraten, etwas, was sich in der Qualität deutlich von bisherigen Ereignissen unterscheidet. Aber was?

SANANDA: Ich segne dich, der du dieser abschließenden Botschaft – unserem Gespräch – für dieses Buch folgst. Ich bin bei dir und mitten unter den Menschen – alle Tage und bis an das Ende dieser Zeit.

In der Tat, Jahn, es hat sich etwas Gravierendes ereignet.

Plötzliche Umbrüche, Unerwartetes und große Umstellungen auf der Erde bahnen sich ihren Weg. Die Vorzeichen sind die Umbrüche in eurem eigenen Leben oder im Leben der Menschen in eurem unmittelbaren Umfeld. Nehmt wahr, bei wie vielen Menschen sich das Leben jetzt wandelt, einfach umstellt, auch wenn sie es ganz anders erwartet oder geplant hatten.

Diese Veränderungen, die jetzt einzelne Menschen erfahren, sind die Vorboten für etwas „Großes" im planetaren Sinne. Jetzt ist die euch angekündigte Zeit, in der oben zu unten und unten zu oben wird.

JJK: Was bedeutet das konkret?

SANANDA: Hier gibt es kein „KONKRET" oder ein konkretes Datum für EIN Ereignis, sondern ***was es gibt, ist, dass die negativen Entwicklungen auf dieser Erde ein sichtbares und für die meisten Menschen wahrnehmbares Ende nehmen.***

ERDE, WASSER, FEUER, LUFT UND ÄTHER

Das flüssige Licht, das der Erde unaufhörlich zufließt, wirkt sich aus und eine bestimmte Zahl von Menschen kehrt jetzt um.

Diese Umkehr ist indem beschrieben, dass die Menschen empfindsamer, wacher und achtsamer werden. Das beschleunigt die jetzt notwendigen gesellschaftspolitischen Veränderungen.

Zugleich erhöht der lebendige Planet „Mutter Erde" seine Reinigung. Das heißt, es werden enorme Kräfte freigesetzt. Erde, Wasser, Feuer, Luft und Äther kommen auf eine für die Menschen bisher unbekannte Weise in Bewegung.

Auf der Erde und bei den einzelnen Menschen stellt sich alles um. Das ist der Punkt, um den es jetzt geht.

Alle Menschen, die auf die jetzt beginnenden Umstellungen auf planetarer und individueller Ebene nicht mehr reagieren können – das heißt, sich innerlich damit nicht auseinandersetzen – werden abgezogen. Die Seelentransfers auf andere Seinsebenen sind seit geraumer Zeit im Gange, jetzt werden viele Menschen auch physisch von dieser Erde abgezogen.

Das ist die große Reinigung, von der immer wieder die Rede ist.

JJK: Wie können wir uns darauf vorbereiten?

DIE BESTE VORBEREITUNG

SANANDA: Wer bisher in der Einheit mit Gott lebte – oder es nach bestem Wissen und Gewissen versuchte – der wird sicher durch diese Zeit navigiert. Ein großes Team von Engeln und Lichtwesen steht dafür bereit.

Niemand, dem es nicht bestimmt ist, wird in die Irre gehen oder von irgendjemandem dahin geschickt werden können.

Auch wenn sich die Erde vor euch auftut, wenn es Feuer vom Himmel regnet und sich Wasser über die Landmassen auftürmt – euch wird das nichts anhaben.

Die beste Vorbereitung ist, sich selbst im Zustand von Licht und Liebe, von Güte und Mitgefühl zu halten und dabei das Friedensreich in seinem Inneren niemals zu verlassen.

Alles Weitere sind kosmische Prozesse und planetare Vorgänge, die jetzt ablaufen, damit der „Zeitplan Gottes" für die Metamorphose der Erde und für die Transformation der Menschen eingehalten wird.

Jetzt wird auf wissenschaftlicher, religiöser und gesellschaftspolitischer Ebene den Menschen offenbart, was für ein Leben in der Einheit mit der Quelle bisher fehlte.

Die Formel des Lebens wird gefunden, denn weder ist die Relativitätstheorie noch sind die Untersuchungen zur Gravitation das Ende aller Weisheit.

DIE KOSMISCHE FORMEL

als universelles Gesetz wird das Leben auf dem Planeten verändern und die Menschen wandeln.

Die Verwandlung der Menschenherzen ist das Resultat und steht am Ende dieses Prozesses – eines Prozesses, der jetzt in die entscheidende Phase eintritt.

Die alten Paradigmen lösen sich mit den alten, lichtarmen Eliten auf. Was danach entsteht, ist: eine Menschheit, die ihre lichtvollen göttlichen Visionen konstruktiv lebt – auf einer Erde, deren Landkarten umgeschrieben sind.

Heißt diese Zeit und die Tage, die da kommen, willkommen. Wandelt eure Herzen und heilt auf allen Ebenen!

Ruft euch eure Schatten in Erinnerung und leuchtet mit dem göttlichen Lichte dahin, wo es notwendig ist und wo es wehtun kann.

Blickt unverwandt auf eure innere Welt, damit sich euch die äußere offenbaren kann. Dadurch habt ihr das beste Rüstzeug für das Kommende.

Es gibt keinen Grund zur Furcht, jedoch genug Gründe für die Freude.

Lebt fortan im Gewahrsein, dass sich der Himmel für euch öffnet und dass Engel auf Treppen des Lichts zu euch herabschreiten werden.

Sie kommen mit der Einladung, dass ihr die Treppen Richtung Heimat und zurück zu Gott mit ihnen empor schreitet.

Gottes Gnade ist wirksam bis in alle Ewigkeit, denn dieses Angebot ergeht am Ende dieser Zeit an alle Menschen dieser Welt.

Ihr seid gesegnet und über alle Maßen geliebt.

Ich bin Ende und Anfang.

SANANDA

PUBLIKATIONEN JAHN J KASSL

WANDEL DER HERZEN
Lichtweltverlag, gebundene Ausgabe (2018)

ATMAR - JENSEITS ALLER KONZEPTE
Lichtweltverlag, gebundene Ausgabe (2018)

KURS ZUR FREIHEIT - BABAJI
Lichtweltverlag, gebundene Ausgabe (2018), eBook (2012)

IM ZEICHEN DES WANDELS
Lichtweltverlag, gebundene Ausgabe (2018)

JETZT BIST DU DA - TAGEBUCH EINES ERWACHENS. GESPRÄCHE MIT JESUS SANANDA
Lichtweltverlag, gebundene Ausgabe (2017)

KURS IM KREIEREN - PAUL DER VENEZIANER
Lichtweltverlag, gebundene Ausgabe (2017), eBook (2012)

DIE ERDE WIRD NICHT ZERSTÖRT!
Lichtweltverlag, gebundene Ausgabe (2017)

30 TORE ZUR ERLEUCHTUNG
Lichtweltverlag, gebundene Ausgabe (2017), eBook (2012)

ES WIRD STILL AUF DIESER WELT
Lichtweltverlag, gebundene Ausgabe (2016)

DIE JESUS BIOGRAFIE - TEIL I
Lichtweltverlag, gebundene Ausgabe 3. Auflage (2015), eBook (2010)

DIE GROSSE ZEIT IST GEKOMMEN
Lichtweltverlag, gebundene Ausgabe (2015)

KRISTALLWÜRFEL DES AUFSTIEGS - MIT ARBEITSBUCH
Lichtweltverlag, Sondereinband (2015)

ELIJA PROPHEZEIUNGEN 49 - 65,
FÜR ALLE 4D-WELTEN BIS IN DAS JAHR 3000
Lichtweltverlag, eBook (2014)

LICHT I – HEILUNG DURCH GOTT
Lichtweltverlag, gebundene Ausgabe 2. Auflage (2018), eBook (2011)

TELOS, WILLKOMMEN IN AGARTHA
Lichtweltverlag, gebundene Ausgabe (2014), eBook (2015)

LEBEN, BAND I
Lichtweltverlag, gebundene Ausgabe (2013), eBook (2014)

ELIJA PROPHEZEIUNGEN 1–48
Lichtweltverlag, eBook (2013)

TROMMELSCHLAG DES SCHÖPFERS
Lichtweltverlag, eBook (2013)

OFFENBARUNGEN SANANDA – TEIL II
Lichtweltverlag, eBook (2012)

13 SCHLÜSSEL ZUM LEBEN
Lichtweltverlag, eBook (2011)

DER LICHTNAHRUNGSPROZESS – GRENZERFAHRUNG IN 21 TAGEN
Lichtweltverlag, eBook (2011)

OFFENBARUNGEN SANANDA – TEIL I
Lichtweltverlag, eBook (2010)

DIE JESUS BIOGRAFIE – TEIL II
Lichtweltverlag, gebundene Ausgabe (2011), eBook (2010)

2026 OFFENBARUNGEN GOTTES
Lichtweltverlag, gebundene Ausgabe (2011), eBook (2010)

LICHT II
Lichtweltverlag, gebundene Ausgabe (2009), eBook (2010)

Alle Titel erhältlich im Lichtweltverlag - www.lichtweltverlag.at